まえがき

「基地があるから狙われる」のか「基地があるから守られる」のか、見方は人によって分かれるでしょう。いずれにせよ、現在の極東情勢を見る限り、沖縄の基地を狙う国があるとしたら、それは中国、あるいは北朝鮮であることは間違いありません。

北朝鮮は2012年4月13日、「衛星」と称して長距離弾道ミサイルを発射しました。沖縄上空を通過予定だったミサイルは発射後まもなく爆発。幸い、我が国に被害はありませんでした。しかし今後、北朝鮮が威信回復を狙って核実験や再度のミサイル発射を強行する可能性はの先には核ミサイルの完成もあり得ま

国は本書の中で指摘しているように、閣諸島のみならず、沖縄全体の領有をうとしています。

し、中国の統治下に入ったら、どんになるのでしょうか。甘く見積もって、高成長の中国経済と一体化して沖縄に〝繁栄〟がもたらされると想定しても、しかし、それは今の中国を見れば分かるように、言論の自由や信教の自由はなく、当局による不当拘束や拷問等の人権侵害が常態化し、選挙で政権を選ぶこともできない、極めて抑圧的な体制のもとでのうわべだけの〝繁栄〟となります。

沖縄から米軍が撤退してしまえば、中国が沖縄を手に入れることは簡単です。核兵器の使用をほのめかしながら、沖縄の〝返還〟を強硬に要求すれば、米国も中国と核戦争まではしたくないので日米同盟は機能せず、我が国は中国の要求に屈するしかなくなります。沖縄のメディアは在沖縄米軍の問題で日本政府の対応を強く批判していますが、米軍が撤退して中国の統治下に入れば、そもそもそうした政府批判の自由がなくなるのです。

本書が、沖縄の自由と平和を守り抜く一助となれば幸いです。

幸福実現党 党首 ついき秀学

沖縄が危ない！
迫りくる中国の真実
沖縄

２０１１年３月２日
沖縄・尖閣諸島に
中国海軍機が接近
航空自衛隊が
Ｆ15戦闘機を
緊急発進させる
事態が起きた
さらに……
最近見せる
中国の不穏な動きは
どうだ？
中国系の新聞や雑誌
インターネットなどには
「中華人民共和国琉球自治区」や
「中華民族琉球自治区」といった
文字が多く見られるように
なっている
收回琉球，解放冲绳
民族当自强
一体
中国は何を
狙っているのか？

中国が沖縄を盗ろうとしている
尖閣諸島の近海に埋蔵量豊富な油田があることが解っている
尖閣諸島
油田 ガス田など地下資源
また沖縄近海や伊豆・小笠原海域に「海底熱水鉱床」という海底鉱物資源の鉱床が発見されている
まさに沖縄 尖閣諸島は天然資源の宝庫なのだ
2012年3月中国の海洋調査・監視船が尖閣諸島周辺の日本の領海内に侵入した
尖閣諸島は古くから中国固有の領土だと
琉球は中国のものだと
彼らはそう強く主張している

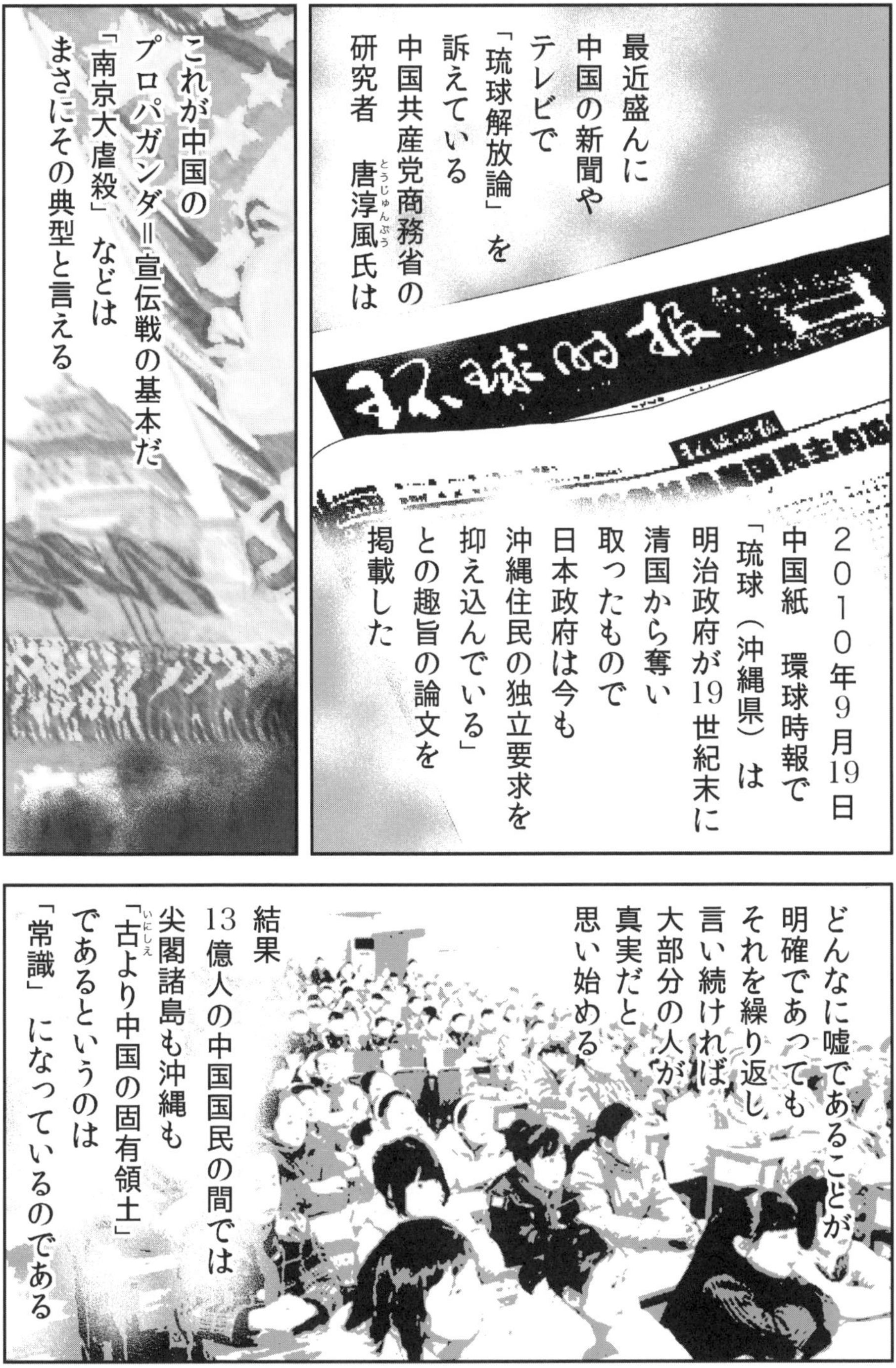
最近盛んに
中国の新聞や
テレビで
「琉球解放論」を
訴えている
中国共産党商務省の
研究者　唐淳風《とうじゅんぷう》氏は
２０１０年９月19日
中国紙　環球時報で
「琉球（沖縄県）は
明治政府が19世紀末に
清国から奪い
取ったもので
日本政府は今も
沖縄住民の独立要求を
抑え込んでいる」
との趣旨の論文を
掲載した
これが中国の
プロパガンダ＝宣伝戦の基本だ
「南京大虐殺」などは
まさにその典型と言える
どんなに嘘であることが
明確であっても
それを繰り返し
言い続ければ
大部分の人が
真実だと
思い始める
結果
13億人の中国国民の間では
尖閣諸島も沖縄も
「古《いにしえ》より中国の固有領土」
であるというのは
「常識」になっているのである

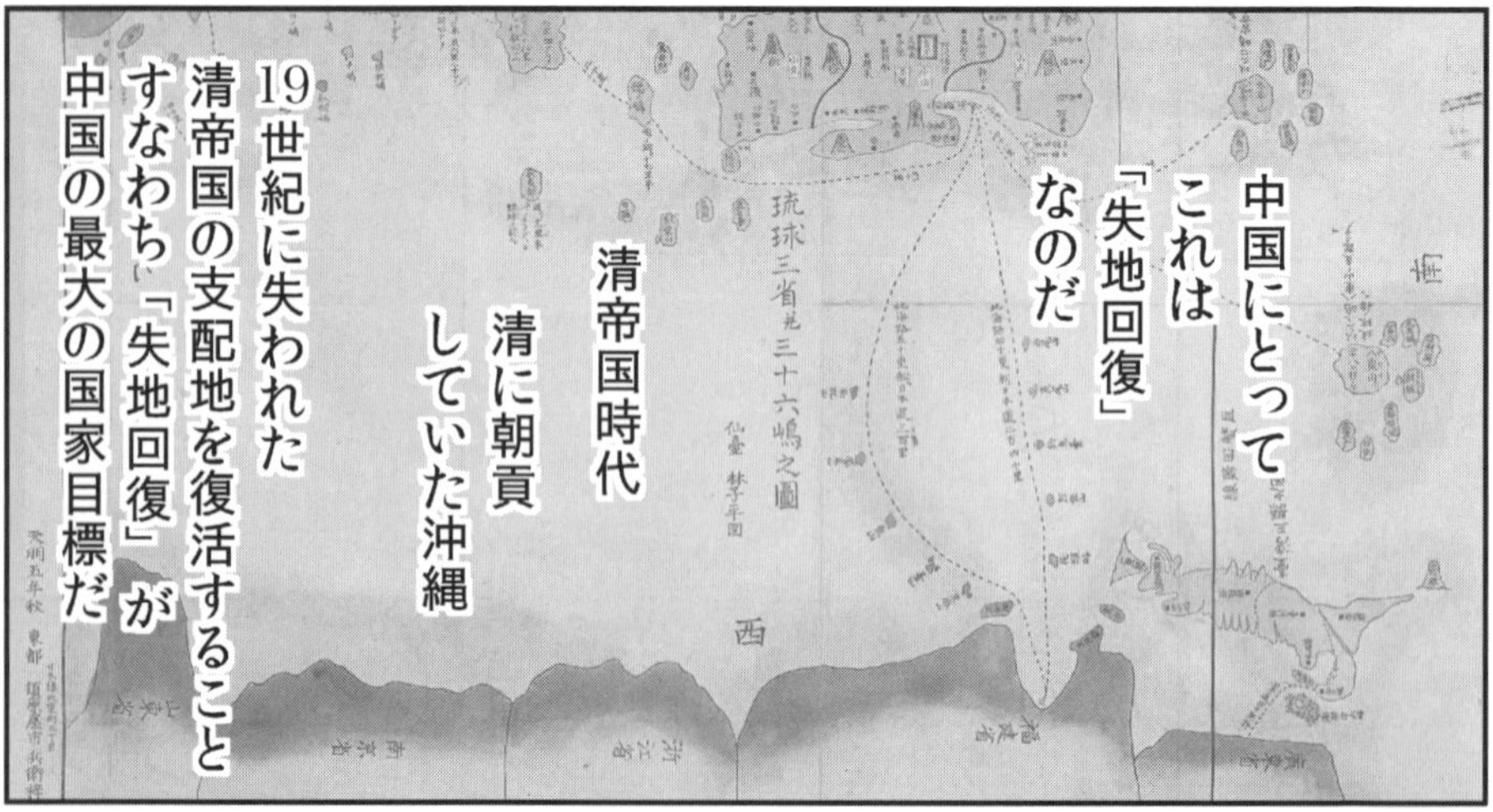
中国にとって
これは
「失地回復」
なのだ
琉球三省并三十六嶋之圖
清帝国時代
清に朝貢
していた沖縄
19世紀に失われた
清帝国の支配地を復活すること
すなわち「失地回復」が
中国の最大の国家目標だ
西

着実に中国の計画は
進んでいる
日本のマスコミは
この事実を
伝えていない

我々の
知らぬ間に
脅威はすぐ側《そば》まで
迫っている…

●私たちの平和と美しい沖縄を守ろう。

日本を守るために立ち上がろう！

―沖縄県民への呼びかけ―

幸福実現党
沖縄県本部副代表
金城竜郎

増大し続ける中国の脅威

２０１２年３月、中国政府は**今年度の国防費が約8兆7000億円**になると発表しました。**この数字は、前年度実績比11・2％増、2年連続で2桁の伸び率です。しかし実際の国防費はその1・5～3倍はあると推測されています。**中国の脅威は増すばかりです。

それに対する日本はというと、国防費を増やさないよう自主規制しており、そのような中、在日米軍の再編（テロや大量破壊兵器を生み出す国や地域に対応するための米軍配置の再検討）が予定通りに進まず、２月には米海兵隊４７００名を国外へ先行移転することが決まりました。

中国共産党の軍隊・人民解放軍

この米軍再編のきっかけとなったのは、１９９５年の米兵による少女暴行事件でした。沖縄県民の反基地感情が噴出し、反米世論は日本全土にまで広がりました。

しかし、沖縄に迫り来る中国の脅威は年々大きくなっていくばかりです。

そこで日米両政府は、**沖縄の負担を軽減しつつも、しっかりと日米同盟関係を強化**

するために、新たな協議の場を設置しました。それがＳＡＣＯ（沖縄に関する特別行動委員会）なのです。

「力の空白」を作らないために

よく「ＳＡＣＯで普天間飛行場を返還すると約束したのに、いまだに実現していないことは許せない」と憤る方と出会いますが、**ＳＡＣＯ最終報告では「十分な代替施設が完成し運用可能になった後、普天間飛行場を返還する」**という内容になっております。最初から代替施設が確保されなければ、返還は難しいとうたわれているのです。

それはなぜかと言いますと、**中国に対する誤ったメッセージを送らないようにする**ためです。**過去中国は、米軍が撤退した後のベトナムやフィリピンで侵略行為を繰り返しています。「力の空白」ほど危険なものはありません。**

在日米軍再編の基本的な考え方は、「（対中国の）抑止力の維持」と「（沖縄の）地元負担の軽減」です。この難しい二つの目的を果たすために、在沖米軍専用基地の縮小についても先行して行わず、一連のパッケージとして発表されました。

米海兵隊

その中に、普天間飛行場移設の具体的な進展（２０１４年までの完成目標）の後に、米海兵隊約８０００名及びその家族約９０００名をグアムへ移転し、嘉手納以南の米軍専用施設の大半を返還することが約束されていたのです。

県外移設にこだわる仲井眞知事

ところが、今回こう着状態の普天間飛行場の移設はひとまず置いて、米海兵隊の国外への移転と嘉手納以南の施設返還を先に決めることになりました。

しかし、県外移設を断念した民主党政権は、辺野古移設の方針です。**２００９年の衆議院選挙で幸福実現党は「アジアの平和のために、日米の約束（＝辺野古移設）を押し進める」と訴えました。**いま民主党は、その幸福実現党とまったく同じ政策＝辺野古移設に戻りました。

　民主党政権は県民を裏切ったことへの謝罪と日米が合意した内容を沖縄県民に理解してもらうため誠意を示そうと、自由性の高い新たな沖縄振興予算を今後10年間保障する法律の成立へと動き、3月30日に参議院本会議で可決、成立しました。

辺野古移設を訴えるデモ
（写真提供 仲本和秀）

　そのような状況においてなお、仲井眞知事は「普天間は県外しかありえない」という言葉を繰り返し、政府への対決姿勢を崩しません。大阪市・橋下市長の人気で地域主権ブームの中、主役となるチャンスだと考えているのかも知れませんが、国家の命運がかかっているからには、県民の一人として黙って見ているわけにはいかないのです。

沖縄に浸透する中国の工作活動

　ところで、昨年7月から中国人観光客に数次ビザが発給されることになりました。「数次ビザ」とは、一度ビザを取得し沖縄に一泊すれば、90日間日本中どこにでも行けて3年間有効の観光ビザのことです。以前の観光ビザでは15日間しか沖縄に滞在できませんでした。今、沖縄県は中国人観光客ブームに沸いております。

　ここで期待に水を差すようで心苦しいのですが、私は今、沖縄侵略をもくろむ中国共産党の思惑通りに事が進んでいるということを指摘したいのです。残念ながら明らかに中国は沖縄を狙っています。

　かつて中国がチベットを侵略した時の手口。仲間のごとくチベットに介入した中国共産党は、チベット中央政府に批判的な東チベットの空気をつくりました。その結果、東チベットと首都ラサとに世論が分断されました。

チベットは仏教国でした。中国共産党は、お寺に工作員をたくさん送りこみ「アメリカは宗教の敵」というデマを流し、その後、侵略していったのです。**当初は多くのチベット国民は中国政府から工作活動を受けていることに気付かなかったと思います。**

どこか今の沖縄と似ているのではないでしょうか?

「基地負担を押し付ける本土の人間は許せない」＝本土と沖縄の分断。

「米軍は沖縄から出て行け」＝米軍は県民の敵であるという感情操作。

「普天間飛行場は最低でも県外を約束しておきながら、それを裏切り、沖縄だけに過重な負担を押し付ける政府は信用できない」＝中央政府に対する不平不満。

中国は今、かつてチベットで行ったのと同じ工作を、沖縄で行っているのです。

沖縄を「チベット」には絶対にしない！

ハインリッヒ・ハラーというオーストリアの登山家がチベットで見聞きした出来事がブラッド・ピット主演の「セブン・イヤーズ・イン・チベット」という映画になっています。

映画原作となった自伝の中で、ハラーはこう書いています。

「あの当時、世界の屋根にある平和な国から避難することになろうとは、誰が考えたであろう。ところが中国軍が雪の国に侵攻してきた。ダライ・ラマは10万人の民とともに、１９５１年、インドへ亡命するために出立しなければならなかった。それからチベットで起こったことは筆舌に尽くしがたい。１２０万人以上のチベット人が命を失い、６千もあった僧院、寺、聖地の99パーセントが略奪され根こそぎに破壊された。……『セブン・イヤーズ・イン・チベット』が映画化されれば、彼らが亡命せざるを得なかったことにさらに関心が集まることだろう。映画のプロデューサーが映画のなかで、中国の侵攻、破壊、殺戮《さつりく》を強調したのは、中国が『セブン・イヤーズ・イン・チベット』を撮影するにあたって、隣国に撮影許可を与えないように圧力をかけたことに起因する。撮影はヒマラヤからアンデスに移さねばならなかった。中国の脅威は国連人権委員会でも続いている。1996年4月、ジュネーブで開催された委員会では人権状況を改善する決議案を採択しない動議を中国だけが提出した」

チベット自治区セルタにて、抗議デモ隊に武装警察が発砲。負傷者をさらに暴行する警官隊
（チベットNOW@ルンタ http://blog.livedoor.jp/rftibet/ より）

　この映画は、中国では上映禁止になりました。一説では、映画に主演したブラッド・ピットは、永久に中華人民共和国の支配地域への入国が禁止されているようです。

　そして**今もチベットの悲劇は止まっていません。それどころか今、この瞬間もチベット人たちは自由と人権を奪われ、塗炭の苦しみの中に置かれています。**

　沖縄を絶対にチベットのようにはしてはなりません。

沖縄は一度も中国に支配されていない

　ちなみに、中国の皇帝から琉球の国王に贈られた印が首里城に展示されています。上部の取っ手部分はラクダをかたどっています。沖縄にラクダはいません。なぜそのような形になっているのかというと、中国がチベットに与えた印をモデルにして製作しているのです。当時中国皇帝は形式的に周辺国王の即位に許可を与えていました。その中で琉球はチベットと同じランクの国だったのです。

　しかし県民の皆様には、〝**沖縄はかつて一度も中国に支配されたことはない**〟ということを絶対に忘れないでいただきたいと思います。

　中国が臣下の礼をとらせて琉球に公的貿易を許したのも、明や清の時代の約500

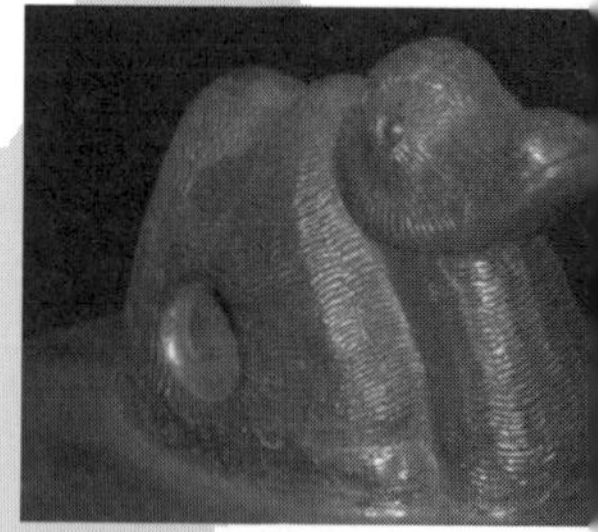

清朝皇帝が琉球国王に与えた印。チベットに与えた印がモデル。中国に臣下の礼をとっている国で琉球は同等のランクであった

年間で、琉球は明や清の属国ではありませんでした。それよりも前の**唐の時代、沖縄は「阿児奈波島《あこなはじま》（オキナワ）」と地図に記されていて、日本の文化圏の中にあったのです。**

首里城のきらびやかさに心うたれて、明治以前の沖縄は原初から中華文化圏にあったと思われる方もいらっしゃるかも知れませんが、**最近の遺伝子の研究でも、沖縄県民と九州以北の本土住民とは、同じ祖先を持つことが明らかになっています。**

中国政府の異常な「二面性」

日本政府がこれまで無名だった尖閣諸島4島の名前を内定すると、中国の国営報道機関が沖縄県・久米島周辺で調査活動を行っていた海上保安庁の測量船に「違法調査」と非難。日本政府が39の島に名前をつけ公表した3月2日には、中国国家海洋局が海洋調査の中止を求めました。

そして翌日、中国政府も尖閣諸島と付属する71の島々に中国名を付けて発表し、その後中国の漁業監視船が尖閣諸島周辺の領海に侵入したり、東シナ海で演習を行ったりしています。

今、海上保安官や海上自衛官の皆様は、傍若無人に振舞う中国と対峙しています。中国が沖縄の島に上陸を仕掛けることは時間の問題だと言えるかも知れません。

ところで県内の空気はどうでしょうか。中国人カップルをターゲットにしたリゾートウェディング、中国の病院と提携した医療ツーリズムなど、中国人観光客を呼び込む企画が目白押しです。

２０１２年には、日中の約７００の映画館で、沖縄と北京、内モンゴルを舞台にした日中合作映画の上映が予定されています。沖縄の観光ＰＲにもつながると見込んで、県や観光振興財団からの助成金で制作支援がされています。

また、中国の富裕層に対し、

県内の土地物件、外人住宅、ゴルフ用地、ホテルなどの投資物件を積極的にＰＲしています。

　沖縄の観光振興に一役買ってくださる好意は嬉しく思います。良きパートナーとしてお付き合いしたいものです。

　しかし同時に、よくよく現実を見つめてください。

　牙をむき出し威嚇《いかく》したかと思えば、微笑んでやってくる。海上では敵対し、地上では友好関係をアピールする。それを同時に仕掛けてくることもある。

　中国政府のこの異常な二面性に私たちは気付かねばならない、ということなのです。もしまた海上で中国とぶつかり合うようなことにでもなれば、再び沖縄に観光客は来なくなります。**中国とはこのように簡単に民間人の動きをコントロールできる国なのです。**

シーサーの心で中国に対峙しよう

　私は何も中国の人々を嫌っているわけではありません。中国の一党独裁の政治体制に対して批判をしているだけであり、**多くの中国人民も本心では自由を願っていると思います。**

　むしろ中東諸国で起きているように中国の民主化の動きを支援し、人民を解放していかなくてはなりません。ですから、**中国人民を救うためにも、決して中国政府の脅しに屈したり、巧妙な詐術《さじゅつ》に騙されたりしてはならないのです。**

　沖縄の屋根や門に座しているシーサーは、お客様を笑顔でお迎えしますが、侵入者は絶対に許しません。このシーサーの精神で中国問題を皆様とともに考え、対策を講じていきたいと考えます。

　ウチナーンチュの一人として、愛する沖縄県民の皆様に申し上げます。沖縄の自由を日本を、守り抜きましょう！

侵入者を許さないシーサー
（写真提供・仲本和秀）

沖縄が「琉球自治区」になる日!?

幸福実現党　出版局長　矢内筆勝

中国の「本当の脅威」を伝えないマスコミ

今、隣国の中国は、その経済発展の裏で、大変な軍拡を進めています。

中国が平和的に発展する分には、何ら構いません。しかし、現実的には、**中国共産党はその軍事力を使って、アジア全体に覇権＝支配権を広め、「中華帝国」を再興する野望を持っていることは、明らかです。**

その最大の矛先は尖閣諸島、そして沖縄です。これは「極めて重大な国防上の脅威」です。しかし、残念ながら今、日本のマスコミはこの事実を国民に正しく伝えていません。

特に沖縄においては、『琉球新報』と『沖縄タイムス』という、極端に左翼に偏向した二大紙が県内シェアの97～98％を占めています。「中国の脅威」についてはほとんど報道されていません。それどころか、「反米・反基地報道」を連日展開する一方で、かつての宗主国を懐かしむような「親中・媚中報道」を繰り広げています。

それと呼応して、左翼政党や組合活動、さらに左翼運動の過激派が全国から集結。集会や選

●日本近海の海底資源（三井物産戦略研究所のホームページを元に作成）

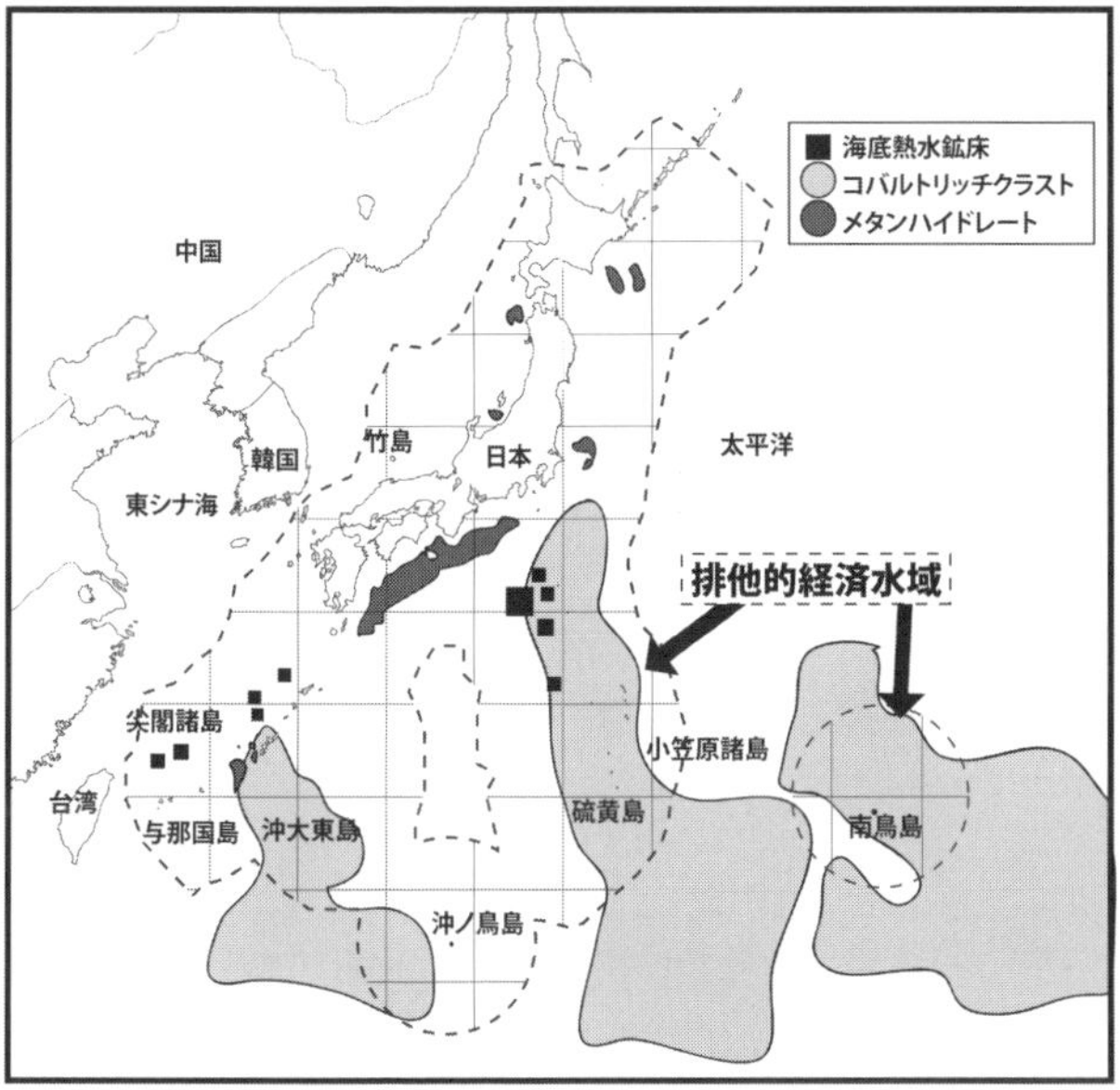

挙運動などを通して、極端な反米・反本土的な情報を垂れ流しています。

その結果、**沖縄県民の多くが、現実の国際情勢から遮断され、完全に「情報封鎖」された中に置かれている**というのが現状です。

尖閣諸島は中国の「核心的利益」!?

しかし、そうした日本の国内や県内事情とは全く関係なく、中国による尖閣諸島と沖縄への「侵略」の脅威が、目前に迫っています。

２０１２年１月のことです。尖閣諸島周辺にある離島の名称確定を進めていた日本政府に対し、17日付の人民日報は「釣魚島と周辺諸島に命名する企ては中国の核心的利益を損なう振る舞い」と、「核心的利益」という言葉を使って日本を威嚇《いかく》しました。

中国の言う「核心的利益」とは、チベットや台湾問題などのように、中国共産党にとって絶対に譲歩できない利益を言います。つまり尖閣諸島は、「中国の領土領海であって分離独立は許さない。そしてそのためには、武力を行使してでも阻止する」ということです。

中国が尖閣諸島と東シナ海を狙っている理由の一つが、日本周辺に眠る「莫大な資源」の略奪・獲得です。

日本周辺の海、特に東シナ海の海底には、多くの資源が眠っています。金・銀・銅・レアメタルなどの鉱物、そして石油や天然ガス、メタンハイドレートなどのエネルギー資源も豊富に存在しています。

日本近海に眠る石油資源を狙う中国

メタンハイドレートは、天然ガス換算で7・35兆㎥と、日本で消費される天然ガスの約96年分が存在すると推計されています。

そして特筆すべきは、1969年と1970年に国連が行った海洋調査では、尖閣諸島の海底には、イラクの埋蔵量に匹敵する推定1095億バレルという莫大な石油が埋蔵されている可能性が報告されています。

中国が、同諸島の領有権を初めて主張したのが1971年。国連が行った海洋調査で、尖閣諸島周辺の東シナ海に莫大な石油が埋蔵されている可能性が分かった、その翌年です。それ以前には、中国は尖閣諸島にほとんど関心を示していなかったことから、突然の領有権の主張が資源目当てであることは明らかです。

著しい経済発展によって、石油消費量が激増している上、国内のエネルギー資源に乏しく、今や日本を超えて世界第2位の原油輸入国となっている中国。彼らにとって、**日本近海のエネルギー資源は、文字通り喉から手が出るほど欲しい「宝の山」**なのです。

本当の目的は「沖縄」の占領

ここで私たちが気が付かなければならないことは、**中国が本当に狙っているのは、尖閣諸島や周辺の地下資源だけではなく、実は「沖縄本島」**だということです。

そのことは、中国が進めている海軍戦略を分析すれば、おのずと明らかになります。

中国は1982年に劉華清《りゅうかせい》中国海軍提督が、中国の将来の長期海洋戦略を策定。その中で「第一列島線」と「第二列島線」という海域における軍事的防衛ラインを強く打ち出しました。

第一列島線とは、九州・沖縄から台湾・フィリピン・インドネシアの諸島群などを結ぶ線。**第二列島線**は、伊豆・小笠原諸島からグアム・サイパンを含むマリアナ諸島群などを結ぶ線です。

第一列島線は2010年までに、第二列島線は2020年までに、それぞれの内側の制空権を支配し、米軍の侵入を阻止するという戦略です。つまり、2020年までに、沖縄を含めた日本の領海である東シナ海を、軍事的な支配下に置き、一帯を内海化するというものです。

●中国の海洋戦略

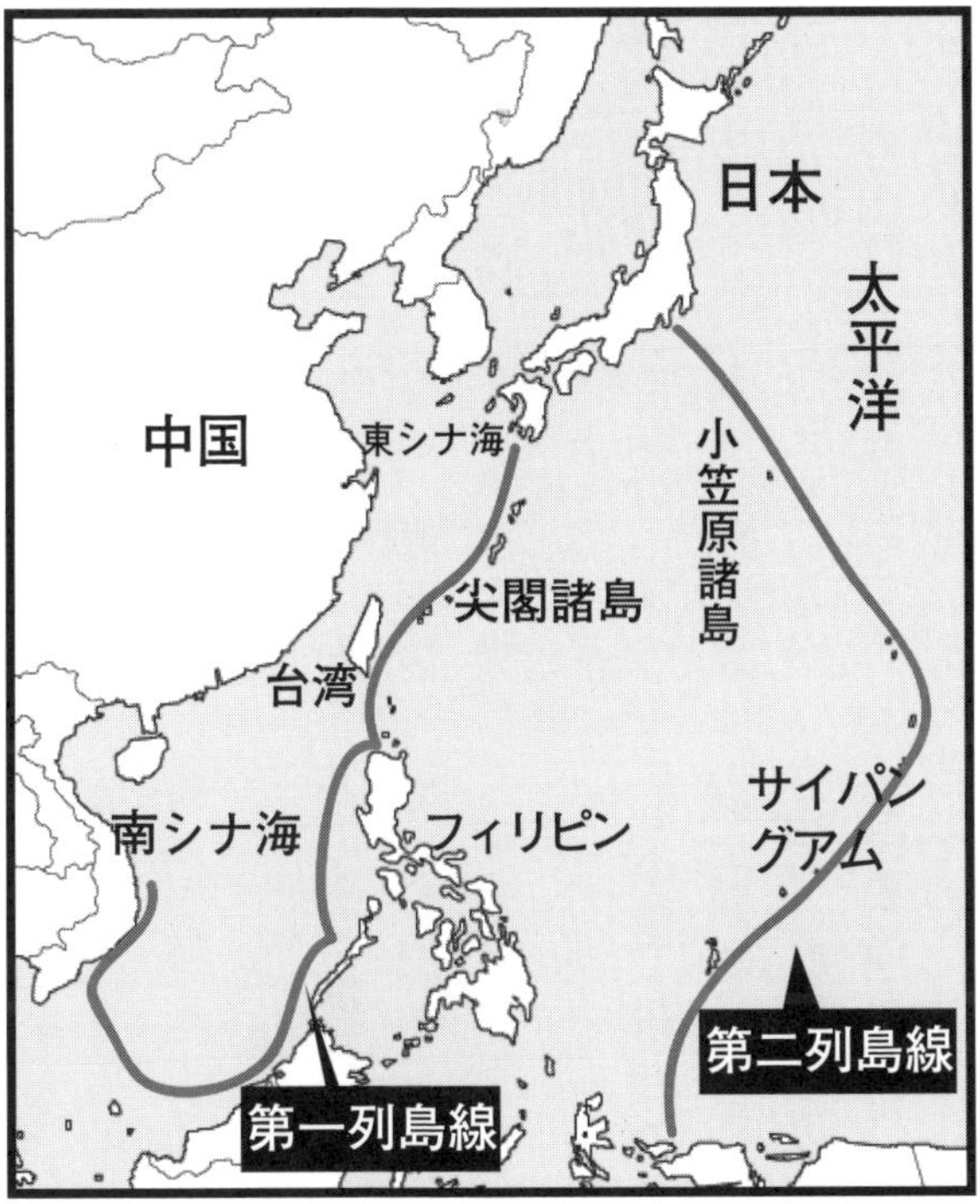

中国がこの計画を実行するためには、沖縄から米軍を排除しなければなりません。逆に沖縄を軍事的なコントロール下（支配下）におけなければ、第二列島線は「絵に描いた餅」となります。

さらに、沖縄は中国にとって、太平洋への進出路（ゲートウェイ）です。アジアと太平洋の覇権を握りたい中国にとって**沖縄こそが、何としてでも抑えたい戦略的要衝であり、「隠された核心的利益」**なのです。

中国が仕掛けるプロパガンダ

中国は今、沖縄を手中におさめるために虎視眈々《こしたんたん》と計画を練り、着々とその準備を繰り広げています。

その一つが、中国が国内や海外に発信している**「琉球（沖縄）は中国の領土」といった情報戦、プロパガンダ**です。

例えば、そうしたプロパガンダを担う中国の学者の一人に、唐淳風《とうじゅんぷう》という人物がいます。最近中国の新聞やテレビに出演し、盛んに「琉球解放論」を訴えている中国共産党商務省の研究者です。

同氏は2010年9月19日付の中国紙、環球時報で、「琉球（沖縄県）は明治政府が19世紀末に清国から奪い取ったもので、日本政府は今も沖縄住民の独立要求を抑え込んでいる」との趣旨の署名入り論文を掲載し、注目を集めました（2010年9月20日付産経）。環球時報は、中国共産党機関紙「人民日報」が発行する国際問題専門紙ですから、中国共産党の主張をそのまま掲載するメディアと見てよいでしょう。

彼の主張をまとめると、以下のようになります。

「中国と琉球の往来は一千年以上前から続き、政治、経済、文化、思想、習慣は、すべて中国由来のものだ。その血筋をたどれば、大部分の琉球民は福建省から渡ってきている。琉球は我々中国人と同じ血を持つ同胞なのだ。琉球の同胞が苦しみ、琉球独立闘争がこれほど活発化している今、手を差し伸べられないでいられるだろうか」

つまり、日本の左翼陣営が繰り広げる反米基地闘争の集会などを、「日本人に支配され、虐《しいた》げられている琉球人による琉球独立運動だ」という形で歪曲して紹介し、「だから、琉球を独立（解放）させなければいけない」との言論を繰り返し、世論を扇動しているのです。

「ウソも百回言えば真実になる」

中国の内情に詳しい作家の黄文雄《こうぶんゆう》氏は、「中国で沖縄（琉球）は中国の固有領土であるという主張が出始めたのは、1989年の天安門事件以降である。2000年代に入ってからは沖縄を日本領と認めない言論が目立ち始めた。今や中国では、尖閣諸島も沖縄も『古《いにしえ》より中国の固有領土』であるというのは『常識』になっているのである」と述べています。（『SAPIO』2011年7月20日号 より）
　さらに2011年9月には、香港に「琉球自治区委員会」という団体が正式に設立され、雑誌に大きな公告が頻繁に掲載されています。

香港で設立された「琉球特別自治区委員会」の告知公告

中華民族琉球特別自治區籌委會成立

SOCIETIES ORDINANCE
CERTIFICATE OF REGISTRATION OF A SOCIETY
社團註冊證明書

KOWLOON, HONG KONG.

中華民族琉球特別自治區籌委會
2011年9月15日
電　話：852-53437416、67473462；86-15626544444
郵　件：liuqiu@china.com　liuqiuyouxiang@gmail.com
聯繫人：趙東

　その設立主旨文には、**「中国は、1000年持続する経済発展の基盤と、安全保障を固めるために、琉球群島を回復し、中華人民共和国琉球自治区を設立させなければならない」**とあります。

　中国に自治区にされ、地元住民の弾圧や虐殺が今でも続いているチベット（チベット自治区）、東トルキスタン（新疆《しんきょう》ウイグル自治区）、南モンゴル（内蒙古自治区）でも、中国が手始めに行ったことは「中国の領土である」と世界に宣伝することでした。

　中国には、「嘘も百回言えば真実となる」という言葉があります。**どんなに嘘であることが明確であっても、それを繰り返し言い続ければ、大部分の人が真実と思い始める――。これが、中国のプロパガンダ＝宣伝戦なのです。**「南京大虐殺」などは、その典型です。

中国の地図ではすでに沖縄が消えている!?

　このように中国による沖縄支配に向けたプロパガンダ工作は、日本人や沖縄県民が全く知らないところで、進行しています。

　分かりやすい例を一つ紹介しましょう。

　昨年9月に遼寧《りょうねい》省の大連市に取材で赴いたときに、私は市内の大型書店で興味深い地図を大量に見つけました。
普通に販売されている国内地図ですが、**不思議なことに、日本の沖縄本島周辺が、南沙諸島のエリアをパッチワークされた形になり、全く見えないようになっている**のです。

中国の書店で販売されている子供向けの地図

私は、偶然かと思い、その書店で販売されていた10種類以上の全ての地図を確認しました。すると、なんと子供向け教材のパズル型の地図から一般の地図まで、すべての地図が同じように沖縄周辺だけが見えなくされているのです。

一党独裁の中国では、地図の表記は戦略的観点から表記の規格は、厳重に管理されています。

ですから中国で市販されている新しい地図を見れば、中国共産党執行部が今何を考え、何を目指しているかがわかります（その意味で当然、台湾は『台湾省』と明記され、中国の一省として掲載されています）。

つまり、**中国は、沖縄本島がどこの国に所属するのか、その「色分け」を隠すことで、沖縄の領土的な所属が未確定という既成事実を、国内向けに発信している可能性が大きい**のです。

事実、東シナ海の尖閣諸島などの地域について、中国政府は2012年3月、海洋権益保護に向けた国民の意識を高めるために、中国の領有権を明記した地図の作成を促進する方針を打ち出しています。

中国の最終目的は「失地回復」

下の地図は、かつての清帝国の版図《はんと》と朝貢国です。

実は、この地図に描かれている19世紀に失われた**清帝国の最大版図（支配地）を復活すること、すなわち「失地回復」が、中国の最大の国家目標**だといわれています。

70年代末からの改革開放によって社会主義的特色が失われつつある中で、中国共産党は自らの一党独裁の政治体制を正当化させる、新たな理念、国家目標を必要としています。そのために1989年の天安門事件以降、中国共産党の指導者は「愛国主義」路線、つまり「中華民族の偉大な復興」を掲げてきました。その「偉大なる復興」の具体化が、実はこの「失地回復」なのです。

その中に、かつての清に朝貢していた沖縄も含まれます。

すでに、「失地回復」の目標のうち、チベットや東トルキスタン（ウイグル）、南モンゴルを60年前に自治区として併呑《へいどん》し、香港とマカオは英国とポルトガルとの交渉によって回復しました。そして残るのが、台湾、そして沖縄――です。

私たちは**今こそ、こうした中国の野望と策略を見抜き、沖縄と日本を守る確固たる決意と覚悟を固めなければならない**のです。

●「失地回復」運動　中国は清代の最大版図を復活させることを目論んでいる

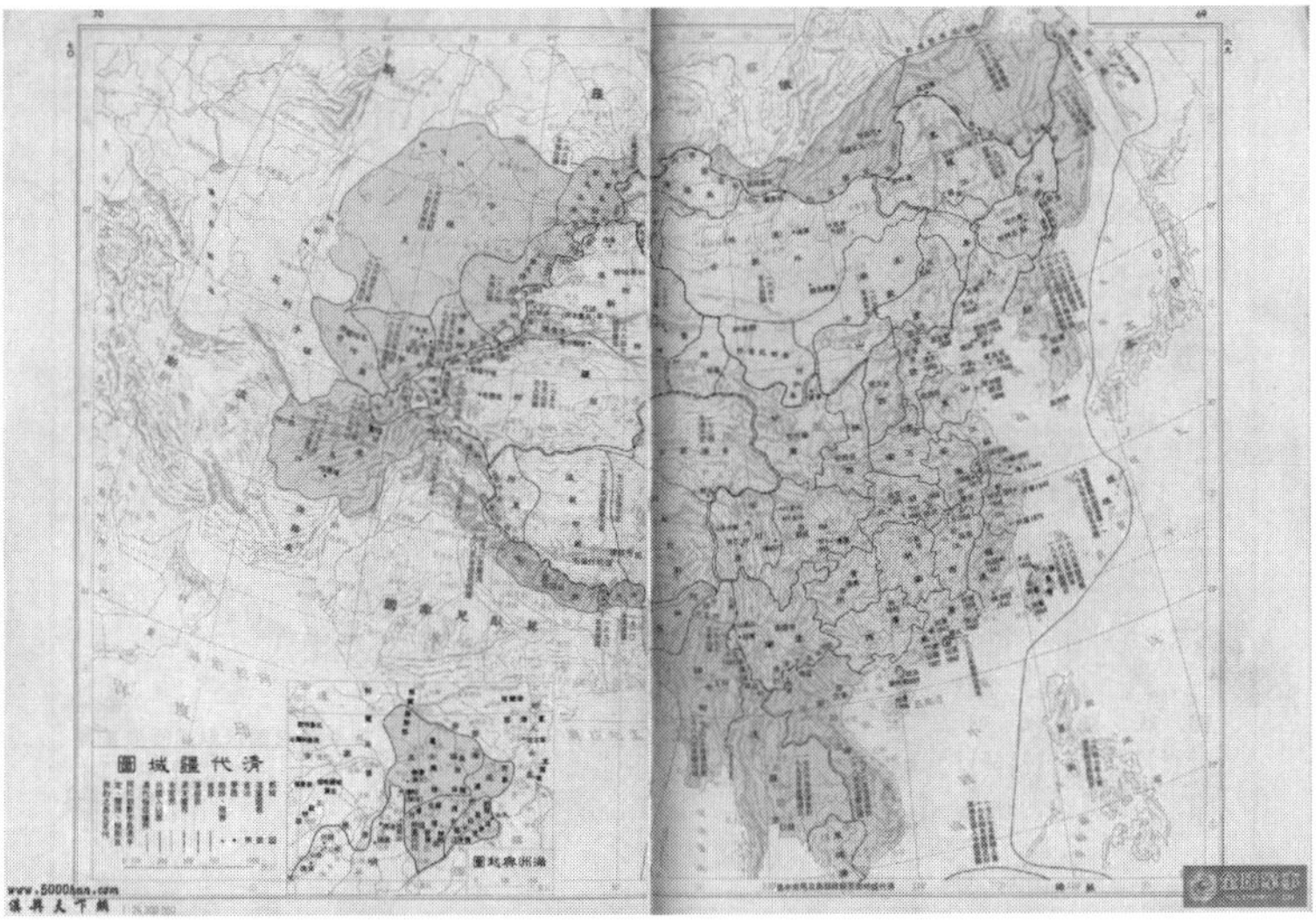

沖縄では「弾を撃たない戦争」が始まっている!!

米軍が撤退してからでは手遅れだ!

拓殖大学　客員教授　惠隆之介

中国が画策する「琉球独立」のシナリオ

尖閣諸島近海における、中国船の領海侵犯事件が相次いでいます。その回数も次第に頻度を増し、また漁船から漁業監視船、公船へと、次第に威嚇行為がエスカレートしてきています。これはおそらく、日本政府の出方を試しているのでしょう。

中国が狙っているのは、尖閣諸島だけではなく、実は沖縄本島です。中国が画策していることは、まず沖縄の県民感情をできるだけ「反米親中」にし、米軍を追い払うこと。そして、沖縄を足がかりにして太平洋に進出し、アメリカと日本を威圧することです。

考えられるシナリオとしては、まず観光客を装った大量の工作員を沖縄に送り込む。そして○月○日Xデー、正午の時報を合図に、まるで住民が蜂起したかのように見せて、中国の工作員が県知事や要人を一気に確保する。そして沖縄独立宣言をさせ、中国が琉球国の建国を最初に認めるという形にしてしまえば、沖縄を日本から切り離すことができます。こうなった時に、日本政府がどう対処するか

恵隆之介（めぐみ りゅうのすけ）
ジャーナリスト、作家
拓殖大学客員教授

1978年、海上自衛隊幹部候補生学校（江田島）、世界一周遠洋航海を経て護衛艦隊勤務。1982年退官（二等海尉）。現在、積極的な執筆、講演活動を展開している。
著書『誰も語れなかった沖縄の真実』（ワック出版）、『海の武士道 DVD Book』（育鵬社）、『敵兵を救助せよ！』（草思社）、『昭和天皇の艦長』（産経新聞出版）等その他多数。

が問題ですね。

中国が沖縄に軍事的な侵略をすれば日米安保が適用されますが、住民運動としての沖縄独立運動であれば、内政干渉になるので米軍は手出しができません。独立した琉球国から「米軍は撤退せよ」と言われれば、対処できなくなるのです。

大勢の工作員が、すでに沖縄に入っています。「弾を撃たない戦争」が沖縄ではもう始まっているのです。

沖縄に植えつけられた歪んだ歴史観

戦後、沖縄を統治した米軍は、住民の日本復帰意識を阻喪《そそう》させるために、歴史を改ざんしました。当時の地元の学校では、「琉球王国は非武装の独立国家だった。それを日本が武力で滅ぼした」「先の大戦で、日本は沖縄を見捨てた」と教えていました。昭和四十七年に沖縄が返還された時、本当はこの歪んだ歴史観を、正常に戻すべきだったと思います。日本政府は、沖縄の教育の正常化に、もっと早く着手

すべきでした。

復帰後の沖縄では、マスコミや学校に左翼勢力が浸透し、反日教育に反米教育を加えてゆきました。

その一方で中国に対しては、ある種のノスタルジアや親近感を抱いている方も多いのです。

なぜ沖縄は中国に惹かれるのか？

十四世紀頃、中国の朱元璋《しゅげんしょう》の使いが、琉球に対して朝貢を求めてきました。当時の琉球王府がこれに従うと、大変手厚い返礼が返ってきました。感激した琉球の人々は「こんなに小さな島なのに、中国は幕府と同等の扱いをしてくれた」と思い込み、そのあたりから、中国にどんどん傾倒して、引きずり込まれていってしまいました。

確かに沖縄は中国の文化や生活習慣の影響を強く受けているところがあります。私もサンフランシスコのチャイナタウンに行った時に、自分が子どもの頃の生活環境とあまりにも似ているのを見て驚き、亡き祖父母を思い出して、思わず涙が出たほどです。

しかし、いくら沖縄と中国の文化が似通っていたとしても、中国は共産主義、日本は民主主義の国です。社会のシステムがまったく違います。中国は、沖縄を「一国二制度にして、日本と中国の両方の制度を採り入れる」と言うでしょうが、結局は徐々に思想統制され、自由が束縛されていくでしょう。

今の沖縄には、いろいろな思惑の方が集まっています。純粋な気持ちで「沖縄独立」を目指している人たちもあれば、反日

首里城（『美ら素材』http://tyurasozai.r2-site.com/index.html）より

反米の活動の上で中国を味方に引き入れて戦おうとしている人たちもいます。それらの動きがすべて合わさって、「親中」の動きが強まってきているという状況です。

　ただ、もし本当に沖縄が中国の属国となった時には、最終的には「人権」や「平和」を主張している左翼勢力も、おそらく粛清されていくはずです。

人民解放軍の女性兵士（ＣＣＴＶより）

　そうなった時に、おそらく沖縄は「やはり日本に戻りたい」と言い出すのだろうと思いますが、それでは遅いのです。一度失ったものを取り戻すのが、いかに大変なことか、沖縄の方々は十分にわかっているはずです。

沖縄は日本政府から様々な恩恵を受けている

　沖縄県民には、「中国に傾倒するけれども、強い日本にも憧れる」という、非常に複雑な気持ちが昔からあるのです。日本と中国をどうしても「両天秤」にかけてしまうのは、二つの大国に挟まれた沖縄の県民性かもしれません。

　県民は「沖縄は差別されている」と曲解しています。かたや日本政府は、「県民が米軍基地負担に喘いでいるから」と、補助金漬けにしてきました。

　廃藩置県以降、日本政府が沖縄の近代化のために、どれほど努力したか、また戦後も莫大な国費を投じたかという認識が、沖縄県民には欠如しています。今こそ、日本国民も沖縄県民も、双方が史実と現状を正確に認識すべきだと思います。

　近年、日本政府は財政難で、補助金も削減されつつある。一方、中国は経済的にもどんどん発展している。「それなら中国のほうに近づいたほうががいい」という動きが出てくるわけです。それが左翼勢力と結びついていくわけです。

　現在の沖縄県の年間予算は約六千億円、その中で自主財源は20%程度しかありません。一方、基地関係で沖縄に入っている補助金等は、年間九千億円にもなります。ということは、米軍が撤退したら、沖縄は経済的に成り立たなくなるのです。

普天間基地（写真提供　仲本和秀）

　沖縄独立後の財源として、左翼勢力は、「尖閣諸島近海にある海底油田を、独立後の沖縄と中国が共同開発することによって、沖縄は経済的にも自立できる」と言っていますが、とんでもない妄想です。中国が沖縄を独立国として対等に扱うことなど、あり得ません。

無防備状態の沖縄はフィリピンの二の舞に

　沖縄の県民性は、フィリピン国民と似たところがあります。フィリピンはスービック米海軍基地の継続賃貸契約を否決して米軍を追い出してしまい、あっという間に南シナ海のほとんどを中国に取られてしまったのです。そして今になって米軍に「戻って来てくれ」と呼び掛けている。この状況は、沖縄と非常によく似ています。

　沖縄は、中国の脅威から東アジアを守るための「要石」です。しかも、沖縄から宮古島、石垣島にかけては、中国から見て非常に重要なゲート（門）になります。中国が漁業監視船（公船）を派遣してくるのならば、こちらは海上自衛隊の艦艇を出動させて、国家の強い意思を見せる必要があります。

　今、ようやく日本人も平和ボケから目覚め、中国の脅威に気

人民解放軍による軍事パレード

づき始めています。

やはり日本は、「普通の国家」に戻るべきです。憲法も改正して交戦権も確立し、弾薬の備蓄、シェルターの確保、離島においては緊急食糧の確保をする、そういったごく普通の独立国家に戻るべきだと思います。

戦後、日本がこれまでずっと平和でいられたのは、アメリカの核の傘と日米安保があったからです。そしてもう一つは、第二次世界大戦で帝国陸海軍の軍人たちが果敢に戦ったその姿を見て、「この国民を刺激したらとんでもないしっぺ返しを受ける」という、一つの「けん制」が働いたためです。

しかし、中国のほうも戦後世代に交代し、この「けん制」はもう効かなくなってきました。

「独立国家日本」の再建を

これからの若い方々に望むことは、独立独歩の気概です。そして、先人を敬い、感謝することです。日清戦争、日露戦争、大東亜戦争と、我々の先輩方は非常に勇敢に戦われました。彼らに対する感謝と敬意、誇りを持つことで、日本の未来を背負う若者たちにも「使命感」というものが出てくるのだと思います。

日本人は、過去の歴史もう一度学んで、誇りを回復し、独立国家日本を再建すべきだと思います。

ヨーロッパにおける冷戦は終結しましたが、アジアにおける冷戦は、まさにこれから始まろうとしているところだと思います。

中国の『琉球属国』史観を斬る！

——沖縄と本土のルーツは一体！

幸福実現党 女性局長
竜の口法子

中国が主張する「琉球属国」史観

琉球大学准教授の林泉忠氏による「沖縄住民のアイデンティティ調査2005－2007」の結果によると、沖縄県民に対する「ご自身のことを沖縄人だと思いますか？　それとも日本人だと思いますか？」という調査に対し、「日本人」と答えたのは25・5％、「日本人かつ沖縄人」が29・7％、「沖縄人」が41・6％と、沖縄県民のアイデンティティは深刻な分裂状態にあります。

このアイデンティティの亀裂を突いて、本土と沖縄を精神的に分断させようというのが、中国の沖縄戦略の一つです。

中国では今、「琉球（沖縄）のルーツは中国にある。だから琉球は中国の領土である」といった、とんでもない主張が拡散されています。

例えば、香港の月刊誌『前哨』には以前このような記事が掲載されました。「沖縄とは、日本列島の西南端にあり、本来中国に所属した琉球群島のことだ。島の住民には多くの福建省泉州移民の末裔がいる。1879年に日本に正式に占領されたものである」（日暮高則著『沖縄を狙う中国の野心』祥伝社より）

「移民の末裔《まつえい》がいるから中国の領土であり、日本が不当に占領している」というのは、あまりに乱暴ですし、それがまかり通るなら、アメリカだって中国の領土になってしまいます。これで「中国の末裔」などといわれたら沖縄県人も皆、怒るでしょう。

今こそ、沖縄県民も、本土の人も、中国による「琉球属国」史観の洗脳を打破し、「本土と沖縄は一体である」ことに目覚めるべきです。

沖縄と本土のルーツは同じ

明星大学戦後教育史研究センター・同大学非常勤講師の勝岡寛次氏は研究の結果、「沖縄と本土は、人種的・歴史的・言語的ルーツは全く同じである」として、中国による「琉球属国」史観に対し、「沖

与那国海底遺跡（出典、撮影：新嵩喜八郎氏 *http://www.yonaguni.jp/yum.htm*）

縄・本土一体」史観を展開しています。

「人種的ルーツ」については、琉球諸島の近世風葬墓で出土した人骨を調査した百々幸雄《どどゆきお》・東北大名誉教授らは、頭蓋骨の小さな差異、顔の彫りの深さ、頭や顔の大きさ・形を比較し、沖縄人はアイヌや縄文人より本州現代人などに近いと主張しています。

「歴史的ルーツ」としては、沖縄は、平安期以降、突如として農耕社会が出現していますが、これは12世紀前後に九州の日本人が南西諸島に南下し、これが現在の沖縄県民の直接の先祖であるという学説が有力です。 また、琉球王国初の正史『中山世鑑《ちゅうざんせいかん》』によれば、琉球王国の最初の王・舜天は、源為朝の子だとされています。真偽は不明ですが、これも沖縄と本土のルーツが同一であるという「日琉同祖論」を象徴する物語だと言えるでしょう。

さらに、「言語的ルーツ」としては、日本語と琉球方言は、音韻・文法・語彙等が、全く同一言語から派生したことが証明されており、日本語と琉球語を合わせて「日本語族」とする学者もいます。

沖縄の方言ではe音がi音に、o音がu音に変化して消滅しています。例えば、「おきなわのひと」は「うちなわぬぴとぅ」になり、現在の「うちなーんちゅ」に変化していますが、元は日本語です。本土の人からは全く異質な外国語のように聞こえる沖縄の言葉も、語源を辿《たど》れば、例えば、「めんそーれ（いらっしゃいませ）」は「参（まえ）り候（そうら）え」が訛《なま》った言葉であり、日本語の方言の一つであることが分かります。

沖縄のルーツはムー文明にある

そうした中、沖縄においても、「沖縄のルーツは中国にはない」という、沖縄のルーツを探る研究が進められています。

琉球大学名誉教授の木村政昭氏は、著書『新説ムー大陸沈没』の中で、「沖縄のルーツはムー文明にある」という根拠を示しています。同氏は海洋地質学、地震地質学、海洋考古学が専門で、与那国島の海底遺跡も研究しています。

「ムー」といえば、1931年に発表された、ジェームズ・チャーチワードの『失われたムー大陸』が有名です。「南太平洋全体をカバーするほどの巨大大陸があり、1万2千年ほど前、地殻変動により、一瞬のうちに水没してしまった」という「ムー水没伝説」の壮大さが、その後も人々を魅了してきました。

最近の海洋地質学では、チャーチワードが主張した場所には、人類史始まって以来、大陸と呼べるようなものはなかったと言われています。しかし木村氏は、南太平洋全体をカバーする大陸は確認できないものの、ムーの水没説があてはまる地殻変動のあった場所が近くにあることを突き止めました。それが、木村氏が名付けた「琉球古陸」です。琉球古陸の位置を見ると、今の沖縄諸島のごく近くまでが含まれています。ここが、チャーチワードの「失われたムー大陸」の状況と同じ水没経緯をもつ場所だと指摘しています。

琉球古陸は、地殻変動で水没したことが地質学的にも証明されており、2万年前から後、海面上昇と地殻変動（陥没）で水没したとされています。大陸の大水没を起こしたところは、西太平洋古陸圏内ではこの場所しかなく、ムー伝説の中心をなす地域と言えそうです。

共通する「太陽神」信仰

琉球神道は「太陽神」（てぃだ）を最高神とする東方信仰を根幹においており、琉球国王も「太陽神」に重ねられ、祭政一致をしてきました。こうした「太陽信仰」「祭政一致」はムー文明の最盛期をもたらし、巨大な大帝国を築いた「ラ・ムー」（「ムーの光の大王」）の教えの名残だと考えられます。（参照：『太陽の法』大川隆法著、幸福の科学出版）

このような研究からも、ムー大陸は確かに存在し、そのムー大陸から、日本の島や陸へ渡った人類が、沖縄県人の源流、日本人の先祖であると考えることができます。

高度な文明を築き、信仰心が深かった、ムーの末裔が沖縄の人々であるとは、大変、誇りある話ですね。その後、日本は中国文化の影響を受けたことは事実ですが、中国の子孫が沖縄にやってきたわけではありません。大陸ムーは、水没により失われましたが、その心は沖縄を経て、日本人の中に、今も生き続けているのです。

コミック・金城幸信（きんじょう　ゆきのぶ）

日本は沖縄を見捨てていなかった！

沖縄のために戦い死んでいった英霊たち

「鉄の暴風」が吹き荒れ、9万人を超える県民の犠牲を出した、1945年の沖縄戦。「沖縄は見捨てられた」「本土の犠牲になった」との、声高な主張もあります。しかし事実は異なります。そこで沖縄と日本に殉じた方々のお話を、ご紹介いたしましょう。

死を覚悟して赴任した島田県知事

太平洋戦争（大東亜戦争）末期、B29の空襲で本土は焼け野原となり、海上輸送は途絶、食料もわずかしかありません。これで日本の生命線、沖縄を失えば日本は滅亡します。そして有色人種の独立国は皆無となり、欧米の植民地支配は世界を覆ったままとなります。

だからこそ多くの若き特攻隊員が爆弾を抱いて沖縄に突っ込み、陸海軍部隊も沖縄の県民も、死力を尽くして戦ったのです。

サイパン戦では、民間人に多くの犠牲者が出てしまいました。そこで陸軍は、次の戦場の沖縄においては、民間人の大規模な疎開を決定。その結果、県内外に20万人以上が疎開しました。これに尽力したのが、島田叡《あきら》県知事と荒井退造警察部長以下、県と警察職員たちでした。

沖縄の『島守』
島田叡県知事

島田知事は、沖縄戦迫る1945年1月に大阪府から沖縄県庁へ赴任しました。

「オレが行かなんだら、

誰かが行かなならん。『オレは死にとうないから、誰か行って死ね』とは、よう言わん」

前知事が逃げ出し、急遽赴任した島田知事は、疎開や県民の食糧確保等々、死力を尽くして県民の保護にあたり、沖縄に殉じたのです。

米艦載機の猛攻撃を受ける戦艦『大和』

米軍への投降を勧められた知事は「ボクが生きて帰れると思えるかね？ 沖縄県民がどれだけ死んでいるか知っているのか」と、厳しく答えたといいます。

6月27日、島田知事は荒井警察部長と共に、摩文仁《まぶに》の壕を出た後に行方不明となりました。最期まで「護民官」として行動し、沖縄に殉じたのです。

沖縄戦で散った戦艦大和と特攻隊の若者たち

一方、海軍は沖縄決戦に全力を投入しました。1500名を超える航空特攻に加えて、水上の特攻隊も出撃させます。帝国海軍最後の精鋭部隊、戦艦「大和」以下の第二艦隊が、沖縄の陸岸に乗り上げて米上陸軍を砲撃する「菊水作戦」です。

沖縄県民向けに、大量の民生品を積んだとの証言も存在する「大和」に、襲い掛かる米艦載機群。圧倒的な攻撃により「大和」以下の多くが沈没し、海上特攻は失敗。第二艦隊3751名の将兵は、はるか沖縄を望む坊ノ岬沖に眠っています。

そして、陸軍も大量の特攻隊を沖縄に出撃させました。しかし、多くの特攻機が米戦闘機に撃墜されてしまいます。その米戦闘機を封じるために、米軍の飛行場に強行着陸し破壊する「義烈《ぎれつ》空挺隊」が出撃しました。しかし強行着陸できたのは、出撃12機中わずかに1機ですが、このたった8名の日本兵が、米軍を大混乱に陥れました。

結果として戦勢を覆すには至らなかったものの、しかし陸軍が沖縄のために最精鋭を投入した事実は消えません。そして死を覚悟で出撃した義烈空挺隊員の、その雄雄しさと勇敢さも、消し去ることは不可能なのです。

出撃前の義烈空挺隊

激闘数十日、沖縄の戦闘が最終局面を迎えた6月6日、沖縄の海軍部隊指揮官、大田実少将は、世界戦史にも稀な電文を送りました。大田少将の電文はこう締めくくられています。

「沖縄県民斯《か》ク戦ヘリ。県民ニ対シ後世特別ノ御高配ヲ賜《たまわ》ランコトヲ」

沖縄根拠地隊司令官
大田実少将

沖縄県民は被害者ではなく勇者だった

それは沖縄県民が、どれほど雄雄しく献身的に戦ったかという報告であり、それに報いることを、後世日本に託した電文でした。絶望的な戦闘の中で書かれたこの電文を受信した各部隊員は、涙を禁じえなかったといいます。

ここで大書したいのは、この電文が「沖縄県民は悲劇の被害者ではなく勇者である」という報告だったことです。

全滅まで戦った守備隊と陸海空の特攻隊、そして軍に積極的に協力し、献身的に戦った県民――。これらの尊い犠牲が米軍の心胆を寒からしめ、本土決戦の悲劇を避けることができたのです。

幸福実現党政策研究員　飯田剛

参考図書
中央公論新社刊「沖縄の島守」田村洋三著
光人社刊「沖縄県民斯ク戦ヘリ」田村洋三著
光人社刊「帝国陸軍の最後（4）」伊藤正徳著
読売新聞社刊「沖縄決戦」八原博通著

カジカジ
カジ
ぴゅ〜〜
フワ
シーサーちゃんとヤク博士の
よく分かる
中国による侵略の歴史

ヤク博士 お久しぶり
おお シーちゃん 元気かの？
今ね さとうきび 食べてたんだ
甘くて美味しい 沖縄名産だよ
こっちは さっきまで 中国をＵＦＯで 見てきたところ じゃ
わしは 世界平和を 研究している ヤク博士 じゃからのぉ ＵＦＯに乗って 地球上のどこへでも 行くぞ 過去も未来も 時空を超えてな
すご〜い！
最近 行ったのは チベット そして… 内モンゴル ウイグル とな
ふぇ〜 どうして？
わしら 地球研究員は 中国の動きに 注目しておる

郵便はがき

料金受取人払郵便

赤坂局
承認

6467

差出有効期間
平成28年5月
5日まで
(切手不要)

1 0 7-8 7 9 0

112

東京都港区赤坂2丁目10－14
幸福の科学出版(株)
愛読者アンケート係 行

ご購読ありがとうございました。お手数ですが、今回ご購読いただいた書籍名をご記入ください。

書籍名

フリガナ お名前	男・女	歳
ご住所 〒 都道府県		
お電話 (　　) －		
e-mail アドレス		
ご職業	①会社員 ②会社役員 ③経営者 ④公務員 ⑤教員・研究者 ⑥自営業 ⑦主婦 ⑧学生 ⑨パート・アルバイト ⑩他 (　　)	

ご記入いただきました個人情報については、同意なく他の目的で使用することはございません。ご協力ありがとうございました。

愛読者プレゼント☆アンケート

ご購読ありがとうございました。今後の参考とさせていただきますので、下記の質問にお答えください。抽選で幸福の科学出版の書籍・雑誌をプレゼント致します。(発表は発送をもってかえさせていただきます)

1 本書をお読みになったご感想

(なお、ご感想を匿名にて広告等に掲載させていただくことがございます)

2 本書をお求めの理由は何ですか。

①書名にひかれて　②表紙デザインが気に入った　③内容に興味を持った

3 本書をどのようにお知りになりましたか。

①新聞広告を見て [新聞名：　]
②書店で見て　③人に勧められて　④月刊「ザ・リバティ」
⑤月刊「アー・ユー・ハッピー?」　⑥幸福の科学の小冊子
⑦ラジオ番組「天使のモーニングコール」　⑧幸福の科学出版のホームページ
⑨その他 (　)

4 本書をどちらで購入されましたか。

①書店　②インターネット (サイト名　)
③その他 (　)

5 今後、弊社発行のメールマガジンをお送りしてもよろしいですか。

はい (e-mailアドレス　)・いいえ

6 今後、読者モニターとして、お電話等でご意見をお伺いしてもよろしいですか。(謝礼として、図書カード等をお送り致します)

はい・いいえ

弊社より新刊情報、DMを送らせていただきます。新刊情報、DMを希望されない方は右記にチェックをお願いします。　□DMを希望しない

シーちゃんよ君の住むこの日本が
中国からの侵略に遭うかもしれんのじゃ…！
えっ!?
この日本が!? まさかあり得ないよ博士!!!
中国いや中華人民共和国は日本を支配下に置きたいと考えておる

ねえねえ
ヤク博士
なぜ中国は
日本を
侵略したいの？
フタ
中国にとって
日本はフタ
中国は海外進出を
考えておる
中国から見ると
日本列島は
自然が作った
要塞みたいなもので
ジャマなんじゃ
沖縄
台湾
東京
東シナ海
中国
ジャマじゃからこそ
自分の手中に収めたい
そして沖縄
尖閣諸島付近には
豊富な天然資源があり
これも確保したいと
思っておる
だから中国は
沖縄から在日米軍を
撤退させるために
たくさんの工作員を送って
「反米」「反基地」運動を
煽《あお》っておる
そんなこと
沖縄県民は
本当は
望んで
いないよ！
アメリカさえ
いなければ
日本から沖縄を
奪うのは簡単な
ことじゃ

それがいつもの中国の侵略の手口じゃ！チベットの時も同じじゃった
工作員をたくさんチベットの寺院に送って
「アメリカは宗教の敵」というデマを流して
チベット人に人民解放軍を受け入れやすい環境を作っていったのだ
沖縄に米軍基地はいらない
それって中国が沖縄侵略の準備を始めたってこと？
もし中国が日本を侵略したらどうなるの？今と違っちゃう？
シーちゃん
中国が支配している
チベットウイグル内モンゴルを主に見て来たが……
東トルキスタン（新疆ウイグル自治区）
モンゴル
南モンゴル（内モンゴル自治区）
日本
チベット（チベット自治区）
中華人民共和国
台湾

チベット120万人
ウイグル200万人が
虐殺されたよ
チベットでかつて
約7000あった
寺院の大部分が
壊され
棄教《ききょう》を強要された
17万人の僧侶が
拷問の末　死亡…
侵略前
30万人いた僧侶は
現在6000人じゃ
＊モンゴルでは
指導者と
知識人……
文字を読めた人は
ほとんど殺された
50種類以上の
拷問が考案され
実行された
真っ赤に焼いた棍棒で
腹部を焼き　穴をあける
牛皮のムチに
鉄線をつけて殴る
傷口に塩を
塗り込み
熱湯をかける
太い鉄線を
頭部に巻き
破裂するまで
ペンチで
締め上げる
焼いたショベルを
頭部を押し付け
焼き殺す
…など

＊『中国共産党によるモンゴル人ジェノサイド実録』より

じゃあ沖縄も？日本も中国に支配されたらそうなるの？
…………
シーちゃん
支配や虐殺や拷問それらはみんなあってはならんことじゃ
チベットやその他の中国から支配を受けている人々には「自由」も「基本的人権」もない
日本をチベットのようにしてはならん
そんな悲惨なことにならぬよう心せねば！
ぼくは沖縄を守る！
「本当の平和」のために

●中国の侵略を許さないという意志を持って進もう。

尖閣諸島の実効支配に向けて中国が本格的に始動!!

中国が尖閣諸島71島全てに中国名！

2012年は、中国が本格的に尖閣諸島の実効支配に向けて動き出した年として、歴史に記録されるかもしれません。というのも、今年3月、まるでゴングを鳴らしたかのように、中国が尖閣諸島の領有と主権の確保に向けて、矢継ぎ早の行動を起こしたからです。

そのことは2012年3月2日、日本政府が排他的経済水域（EEZ）の基準点でありながら、これまで無名だった北海道から沖縄までの計39島（尖閣諸島周辺の4島を含む）に名前を付けて公表したことに端を発します。

中国政府はこれに激しく対抗、逆に尖閣諸島の71島すべてが中国領土だと主張し、中国名を付けて発表します。中国外務省も同日、「日本側がどのような名前をつけようとも、これらの島々が中国に属するという事実は少しも変わらない」と強硬な談話を発表しました（朝日新聞3月3日付）。

人民解放軍少将が「尖閣で軍事演習」

中国は尖閣諸島周辺に頻繁に調査船を出して主権を主張する。中国最大の漁業監視船「漁政311」。

3月6日には、人民解放軍の現役幹部・羅援《らえん》少将が中国のテレビ番組に出演し、「日本がもし釣魚島に強行上陸をするなら中国は強行軍事手段をとることができる」、「釣魚島付近で軍事演習を行う必要がある」と、武力を背景に日本を恫喝します（夕刊フジ3月15日付）。

その後、中国気象局の鄭《てい》局長が「尖閣諸島周辺の天気予報も発表する必要がある」と発言（産経新聞3月6日付）。

16日には、沖縄・尖閣諸島沖の日本の領海に中国国家海洋局所属の巡

視船「海監50」と「海監66」の公船
2隻が侵入します。警戒にあたって
いた日本の海上保安庁の巡視船が航

日本政府が尖閣周辺の島に名前を付けたら　中国がそれも含めた
71の島に中国名を付けたって……何で？
中国は一見友好的な態度を取りますが
外では領海侵犯をしたり沖縄は中国の領土だと言っています
中国のもの!!
沖縄
ゲッ
何?! その二面性っ!!!
でも中国人って　沖縄へかなり観光に来てますよ？
だから よぉ……
君たち！それは注意した方がいいですよ
私たち……どうすれば…………
ヤバイな……
本当の情報と正しい見識これがとても大事ですね
キラーン

行目的を尋ねると、海監50は「釣魚島を含むその他の島は中国の領土だ」と応答。電光表示にも日本語や中国語、英語で同内容を表示しました（産経新聞3月16日付）。

同調査船は17日、東シナ海の日中中間線に隣接するガス田「白樺」（中国名・春暁）の周辺に移動して他の巡視船4隻と合流、巡視ヘリも加わった海空合同訓練を実施します（読売新聞 3月18日付）。

さらに中国政府は、東シナ海の尖閣諸島（中国名・釣魚島）や南シナ海など重要な地域について、中国の領有権を明記した地図の作製を促進する方針を打ち出します（産経新聞3月26日付）。

実効支配に向けた総力戦！

個別にみるといかにも傍若無人で突飛な行動が続いているように見えますが、全体を見れば、中国がいよいよ人民解放軍も含めて、文字通りの「総力を挙げて」尖閣諸島の実効支配に向け、戦略的に動き始めたことがわかります。

今後中国は、日本に対して、ますます強硬姿勢をエスカレートさせていくでしょう。

民主党政権が「尖閣諸島に領有権問題は存在しない。その時々に厳重に抗議している」などと、言葉を並べるだけでは、もはや日本の主権と、国民の生命、財産、自由を守ることはできません。

尖閣諸島と沖縄、そして日本を本気で守る「新しい政治」こそが、今求められているのです。

コミック・金城幸信（きんじょう　ゆきのぶ）

基地があるから『危険』なのではない　基地があるから『守られている』！

元防衛大学校教授
元航空自衛隊幹部学校　教育部長　本村久郎

中国は米軍のいる所は攻撃したくない

「米軍基地があると、中国の攻撃対象になるから危険だ」という考え方は、間違っています。むしろその逆で、**中国は、『米軍のいる所だけは攻撃したくない』**のです。

なぜなら今の時点でアメリカと戦ったら、中国に勝ち目はないからです。そのことを、中国もわかっている。**だから、本当は米軍基地があるほうが安全なのです。**

中国は、弱腰の国にはどんどん入ってきますが、強い国には手出しをしない国柄なのです。だから沖縄の海兵隊の存在が、いかにアジア全体の安全保障に貢献しているかということです。

もし海兵隊がいなくなれば、すかさず中国は「我が領土、沖縄を取り戻すのだ」と言って、堂々と沖縄に入って来るでしょう。沖縄を爆撃する手間も省け、既に潜入しているスパイが要人を暗殺し、いとも簡単に沖縄を占領すると思います。

おそらく一週間以内にすべて

が終わるでしょう。日本の政府は「東京に核弾頭を撃ち込むぞ」と言われただけで、すぐに降参するでしょう。

平和のためには抑止力が必要

米軍基地に反対している方々は「基地があれば戦争に巻き込まれる」と主張していますが、**米軍基地がなくなったとしても、中国は沖縄に侵攻してきます。そして基地跡地をそのまま中国の軍事基地として利用し、日本本土に攻撃をしかけてくる**はずです。基地がなくなっても、平和は訪れません。

「平和」という言葉は、とてもよい言葉です。しかし、**「平和」を手に入れるためには、相当な覚悟や努力、負担が必要なのです。**口先だけで「平和」と唱えていれば、それが実現するなどという考え自体が問題だと思います。その傾向が、沖縄では特に強いように思います。

戦争が好きな人間など、いません。アメリカ人だって、戦争は嫌いです。いざ戦争になったら、実際に血を流して戦うのはアメリカの軍人です。

だから敵が向かってこないように、戦争にならないように、鍛えるのです。

自衛隊も同じです。**中国は、強い国には向かってこないからです。目の前の脅威に備えて、抑止力を高める必要があるのです。**

軍隊を持たなかったチベットは奴隷状態に

チベットがよい例です。チベットには当時、軍隊らしい軍隊がなく、中国の侵略に対して義勇兵を募って国境警備隊を作って戦いました。

しかし、中国が侵攻してきたチャムド地区のアポ・アワン・ジグメという知事が中国と内通し、チベットの弾薬庫を爆破させて投降を主張しました。その結果、火器のないチベット軍は人民解放軍に殲滅《せんめつ》され、チベット全体が中国に易々《やすやす》と占領されてしまいました。

今では中国の自治区ですが、実際には「自治」とは名ばかりで、チベット人は漢民族から奴

中国の中距離弾道ミサイル

隷のような扱いを受けています。

当時の国際社会は中国共産党の行為を非難しましたが、米国も含めリップサービスでした。もしチャムドの戦い以降、チベットが徹底して戦えば状況は変わっていたと思います。**「天は自ら助くる者を助く」です。国民の命が優先と言う売国奴が最も危険です。**

フィリピンがそうです。かつて米軍基地がありましたが、反基地闘争の結果、米軍を追い出してしまいました。米軍が撤退した途端に、近海はあっという間に中国にとられ、今になって、慌てて、米軍に「戻ってきてほしい」と合同演習をしているようですが、いったん追い出したものを元に戻すのは、難しいようです。

私が沖縄の方々に言いたいのは、「皆さんは、チベットやウイグルのようになってもよいのですか?」ということです。中国の属領になれば、日本人は漢民族の奴隷になるでしょう。

子孫のために日本を守る覚悟を

天安門事件やチベット、ウイグルの例を見ても分かる通り、彼らは、〝自国民〟ですら、平気で簡単に殺害したり処刑します。ましてや、戦後あれだけの反日教育が行われた中国の属領になったら、日本人など、奴隷以下の扱いになることは容易に想像がつくでしょう。

日本を心底憎んでいる国がすぐ横にあることを、沖縄の人々にはもっと理解してもらいたいと思っています。**「国土を失ったあとに、どれほど悲惨な運命が、我々日本人に待ち受けているか」**ということを、考えていただきたいのです。

私たちの子孫のためにも、今こそ、「日本を守る」という決意と覚悟が必要なのです。

中国が画策する日本…沖縄支配のシナリオ

原作
恵隆之介

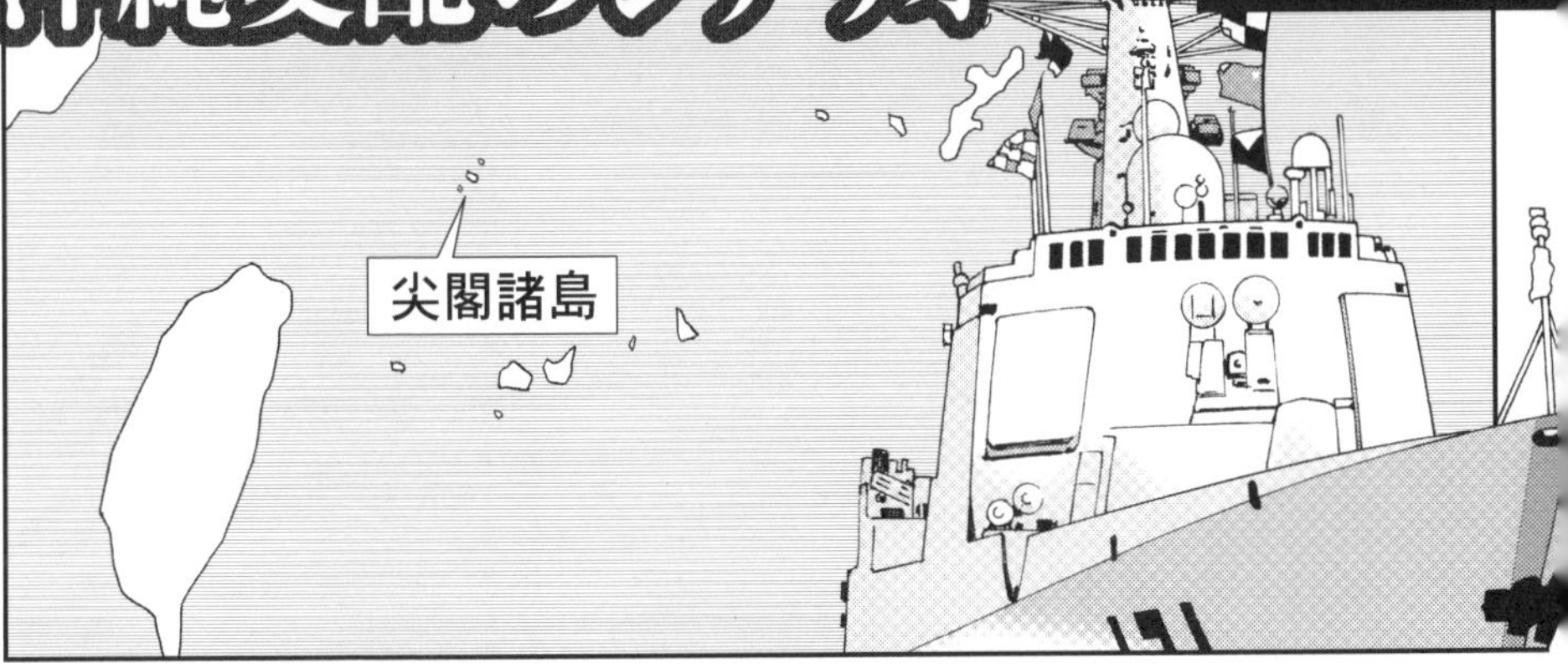
尖閣諸島

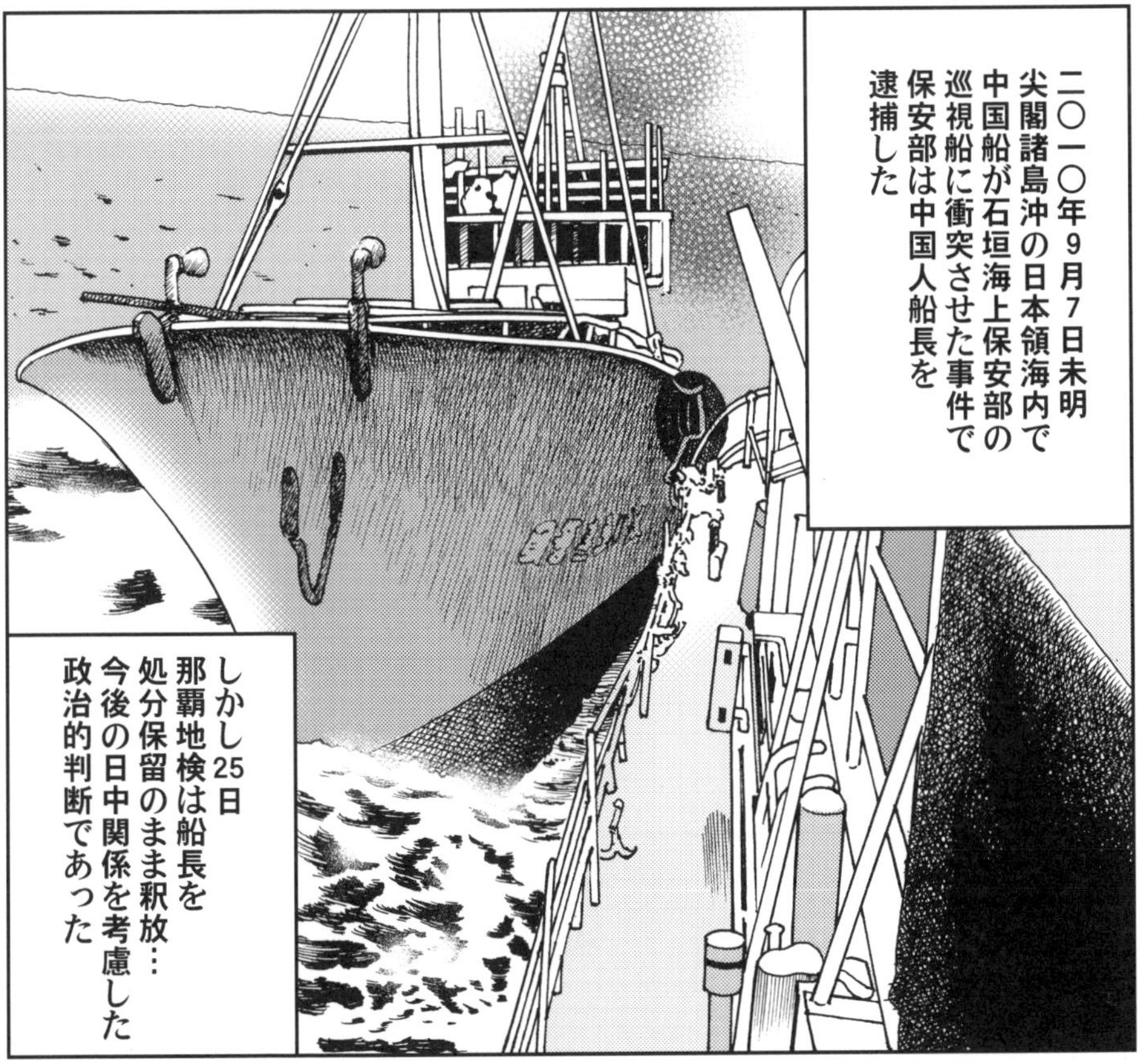
二〇一〇年9月7日未明
尖閣諸島沖の日本領海内で
中国船が石垣海上保安部の
巡視船に衝突させた事件で
保安部は中国人船長を
逮捕した
しかし25日
那覇地検は船長を
処分保留のまま釈放…
今後の日中関係を考慮した
政治的判断であった

那覇地検は福岡高検、最高検と協議…
巡視船の損傷は航行に影響がない乗組員も負傷していないないし衝突はとっさに取った行動で計画性は認められない…との理由から
これ以上身柄の拘束を継続して捜査を続けることは相当でないと釈放を決定しました
○○TV
バカ野郎！日本政府の対応はどこまで幼稚なんだよ
この国は法治国家としてのプライドの欠片もなくおよそ主権を死守するという気概もないのか！
政治部記者 新條ヒロ
まさに中国の思うつぼだな！

中国との領有権問題を抱える東南アジア諸国にとっても
この日本の対応には失望しただろうな…
同記者 吉川浩一
ああ全世界に日本の「腰抜け」という印象を与えたはず
このまま中国の暴走を許すのかと…
暴走…
この後も尖閣にとどまらず沖の鳥島などの日本周辺海域で
中国海軍の無頼漢的傾向に拍車がかかることは間違いない！
かつて南シナ海で南沙諸島や西沙群島を実効支配したようにな！
やはり日本政府は強く出るべきだったな多少の犠牲も覚悟で！
そうさ！海上保安庁はもう限界まで来ているんだから
状況によっては海上自衛隊が出動して我が国の自衛権を発動するぐらいの強い意気込みを見せれば良かったのさ中国にな！

憲法9条によって奇跡的な平和を65年間享受してきたこの国には「備える」という
意識もないということか…
今回の尖閣諸島事件は日本のそこが試されていると思うんだ…
ああ完全に抜け落ちてしまってる!
決して偶発事案ではないはず!
バサッ
そうよあなた達…
今回の中国の強硬な態度に隠されたものは何なのか!?
この秘密文書を読むとよくわかるわ!
同記者
中山美由紀
秘密文書?

何ッ!? 日本解放(日本占領)第二期工作要綱…
あッ!!
この秘密文書(日本解放第二期工作要綱)は一九七二年に歴史学者の西内雅氏が大陸からの脱出者から入手したもので中国共産党の日本に対する秘密工作の目的と、それを達成する手段の具体的な方法が示された驚くべき内容であった
冒頭には次のような衝撃的内容が明記されていた!!
A基本戦略・手段・方法
1基本戦略
わが党の日本解放(占領)の当面の基本戦略は日本が現在保有している国力のすべてをわが党の支配下に置きわが党の世界解放戦に奉仕せしめることにある
日本を支配下に置く!?
そう まずは尖閣諸島を足掛けにしてね
そして その対日解放工作はすでに沖縄本島で始まっているのよ
えッ 沖縄で!?

そういえば先日の中国での反日デモの写真…
あ これだ！
この横段幕…
収回琉球 解放沖縄
琉球を取り戻し沖縄を解放しようって意味か！
かつて中国の属国だった琉球を独立させ
沖縄本島を支配下に組み入れようというのよ！
9月19日の中国大手紙「環球時報」が掲載した論文には「琉球は一貫して中国の属国だった明治政府が19世紀末に清国から不法に奪い取ったもので
現在の日本には沖縄の主権はなく米国からの行政管理権が認められているだけ」と
「だから沖縄は日本の領土ではないのだから尖閣諸島について日本には中国と話し合う資格もない」と主張しているわ！

しかも「沖縄では住民の75％が日本からの独立を望んでいる」とまで言っているのよ！
そんな完全なでっちあげじゃないか！
今の沖縄に独立派なんてほぼ皆無だろ！
確かに沖縄県を単独の道州とすることで大幅な自治権を獲得する案などは現内閣の民主党を中心に議論されている
民主党本部も「一国二制度」論を掲げ自治権と経済的競争力を強化することを提案している
しかしそのことが直接に沖縄独立に結びつく訳ではないだろ！
でも沖縄県民は戦後米軍の統治下において自分たちは差別されたという反日教育をされてきたのも事実だし
また文化が似通っていることもあって中国に対してはどうしても一方的なノスタルジアがあるのも事実よね！
中国は共産主義日本は民主主義社会社会制度がまったく違うがしかも琉球王国は共産主義体制であったから
その弊害を県民は本来なら知るべきだ！…がしかし
戦後の改悪された歴史教育で精神的には沖縄県民の中に中国に傾倒する部分があるということか

沖縄に自由を！
沖縄独立
薩摩の琉球支配から400年日本国の琉球処分から130年…今我々沖縄は自決権を確立しよう！
自決権を勝ち取ろう
日本の天皇制帝国主義の搾取と圧迫に苦しめられた沖縄人の多年の願望である独立と自由を獲得しよう！
なるほど軍事的な侵略であれば日米安保が適用されるが
このような住民運動が高まって沖縄独立運動が起きれば
これはもう内政干渉になるので米軍は手出し出来なくなる…
そうか中国の狙いは沖縄を出来るだけ北京に引きつけ
米軍を追い払うことかも…
そうよそして第一列島線の基地として沖縄を確保し
太平洋に進出してアメリカを威圧すること
これが中国の戦略なの！

うーむ…
太平洋に進出する
ための足掛りか
てっきり中国は
尖閣諸島周辺の
海底資源を狙っている
ように見えたが
実はターゲットは
沖縄だったのか！
そう
日本国民の関心が
尖閣に向いている間にね
今、中国は
沖縄本島を狙って
いる！
はッ
沖縄が独立宣言をして
中国がその独立を支援する
という形にしてしまえば
尖閣諸島は
付録で自然に付いて
くるというわけだ
じゃあ いよいよ
「第二期工作要綱」が
現実のものになって
くる
うはーッ
そりゃ
恐ろしいな！
そうね
考えられるシナリオとしては
武器を使うと国際的な
非難を浴びるでしょうから
まず観光客に見せかけて
大量の工作員を沖縄に
送り込むことから
始めるでしょうね
観光客が
工作員!?

二〇一×年〇月〇日
×デー
沖縄
那覇市
皆さま
戦前の首里城は
琉球王朝の王城で
沖縄県内最大の
城（グスク）でした
しかし沖縄戦と
戦後の大学建設に
より完全に破壊され
ワイ
ワイ
ガヤ
わずかに城壁と
基礎などの一部だけが
残るだけでしたが
一九九二年に
復元が成され…
大河ドラマ
「琉球の風」の
舞台に…
ザッ

ブロロロロ
キキキッ
おいおい
誰だよ
こんなもの
落としていった
やつは!!
ダダッ
コンコン
コン
うッ…
な…なんだ
君たちは!?
何事だね!?
これより
知事をテレビ局に
案内します
テレビ局!?
そんな予定は
ないぞ!
言う通りに
していただければ
知事やご家族には
危害は加えません!!

臨時ニュースをお伝えします
これより沖縄県知事より重大発表が行われます！
…では申し上げます
わが沖縄は
薩摩の琉球支配から400年…現在に至るまで本土政府の政策の矛盾を押しつけられてきました
その結果沖縄には全在日米軍基地の75%が集中し続けその存在は県民の生活と環境を脅かしています
半世紀に渡り強いられてきた沖縄県民の怒りと基地のない平和な島への願いをこめて
ここに沖縄民族の独立を宣言します！
わが沖縄は本日をもって独立いたします
うへッ独立!!
このあと中国工作員達は県知事の他にも主要な沖縄県の首長をいっきに確保して
あらゆる懐柔工作や脅しを使ってその人達の口を封じて反論させないようにするでしょうね

外電です
中国政府は沖縄独立をただちに認め
これを歓迎するとのコメントを発表しました
琉球とわが中国は古来より兄弟のような間柄でした
沖縄民族の日本からの解放を同胞としてお祝いします！
こうなったら日本政府はどう対処するのだろうか!?
すぐに沖縄の公安を動かすだろ
いえ…今は予算削減で人員が大幅削減されているし、離島地区の公安出張所は閉鎖されているわ
そうか自衛隊も情報専門家が削減されている
警察だって現行犯逮捕しかできない…
となるとすぐにはどうすることもできなくなるぞ
じゃあ米軍はどうだろうか!?
まずは静観するでしょうね

騒乱が起きれば警備は強化するでしょうけど
基地に直接的な脅威がない限りは対立はしないと思うわ
うむ…
沖縄独立で「米軍は出ていけ」と言われたら対処できなくなるな
こうなると日米同盟は自然消滅か!
そこで中国は沖縄と安全保障条約を結び自軍を駐屯させると言い出すでしょうね
それじゃチベットやウイグルの土地を奪ったやり方じゃないか!!
そうよ最後は武力を背景に沖縄の支配権を獲得する
これで中国による沖縄乗っ取りは完了ね

キャハハハッ
ハハ…
ザザザ…
ザザザッ
…じゃあ オレ先に やってくるわ
ザザザ
いい波が 出てきたぞ
うん？ なにあの船!?
潜水艦が なんで!?

うわッ中国の軍艦じゃないかよ!!
はッ!!
ズギューーン
やばいみんなに知らせなきゃ
漁船衝突事故に端を発する尖閣諸島問題――今回のような戦略なき「その場しのぎ」の対応しか取れない日本…
このまま中国に隷属する日本になってよいのだろうか…いや今こそ我々は自ら考え行動する最後のチャンスなのではないだろうか!!

大川隆法 ベストセラーズ・アジア情勢の行方を探る

日本武尊の国防原論

緊迫するアジア有事に備えよ

アメリカの衰退、日本を狙う中国、北朝鮮の核 ── 。緊迫するアジア情勢に対し、日本武尊が、日本を守り抜く「必勝戦略」を語る。

【幸福実現党刊】

1,400円

台湾と沖縄に未来はあるか?

馬英九台湾総統 VS. 仲井眞弘多沖縄県知事

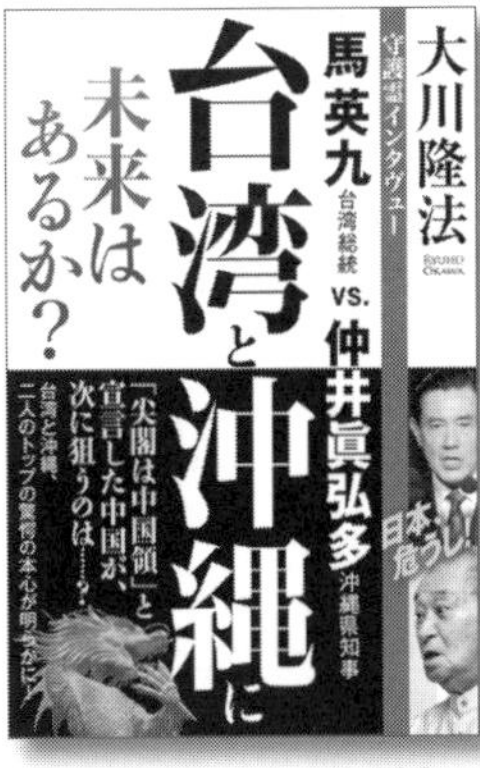

経済から、中国に侵食される「台湾」。歴史から、中国に洗脳される「沖縄」。それぞれのトップの本音から見えてきた、余談を許さぬアジア危機の実態とは!?

【幸福実現党刊】

1,400円

日本経済再建宣言

幸福実現党の「新・所得倍増計画」で
ＧＤＰ世界一を目指せ！

共著　幸福実現党党首　ついき秀学
政務調査会長　黒川白雲
静岡県本部幹事長　中野雄太

長期デフレを脱却し、新たな高度成長への道筋を解き明かす。希望に満ちた日本の未来が見える一冊！

1,400円

発売　幸福の科学出版株式会社

尖閣問題を一刀両断!!

〝中華帝国〟が動き始めた!!

拓殖大学客員教授　評論家　石 平

弱腰外交が中国の増長を招いた

2010年9月の尖閣諸島中国漁船衝突事件は、中国にとっては偶発的な事故だったのではないでしょうか。まさか日本が中国漁船を拿捕《だほ》し、船長を逮捕するとは思っていなかったでしょう。私は海上保安庁の毅然とした態度は正しかったと思います。その後、中国は民間交流やSMAPの公演を中止し、フジタの社員を拘束するなど、八つ当たりに近いような猛反発をしました。

私は、これは中国政府が焦った証拠であると見ています。尖閣事件で損をしたのは中国側です。日本に対して強硬な報復措置を取ったことで国際的な批判を受け、厳しい立場になりました。その結果、東南アジアの周辺諸国も中国に対する警戒心を高めました。

中国が強硬な態度に出れば出るほど不利な状況に陥ったわけです。本来、日本政府は何も恐れる必要はなかった。国内法に基づいて粛々と船長を処分し、尖閣は日本の領土であると貫けばよかったのです。しかし、肝心なところで日本は船長を釈放してしまう。

当時、官房長官であった仙谷氏は「那覇地検の判断」との発表をしましたが、日本国民は信じないでしょう。国際的にみれば政治介入があったかどうかで

石平（せき・へい）
拓殖大学客員教授、評論家
中華人民共和国四川省生まれ、天安門事件をきっかけに中華人民共和国と「精神的決別」。
2007年（平成19年）末に日本に帰化。
日中問題を中心に、政治・経済・外交問題について論じている。講演活動、テレビ出演多数。

はなく、問題は日本が中国に降伏したことです。しかも中国に圧力をかけられて法治国家としての原則まで曲げて屈服してしまいました。

つまり、圧力をかければ簡単に折れる国だという前例をつくってしまった。これは戦後最大の外交的敗北です。圧力をかければ折れてくるような相手だから、何かことがある度に中国は圧力をかけてくる。今後、中国海軍は、沖縄・尖閣海域を我が物顔に侵出してくることは間違いないでしょう。

実際、尖閣事件以降、中国はますます増長し、2011年6月には11隻から成る中国海軍艦隊が沖縄・宮古島の海域を通過。同年11月には中国海軍の艦艇6隻が、2012年2月には中国海軍のフリゲート艦4隻が同海域を通過しています。そして、同年3月、沖縄・尖閣諸島沖の日本の領海に中国国家海洋局所属の2隻の巡視船が侵入

2010年9月に発生した尖閣諸島漁船衝突事件

中国海軍の駆逐艦

し、「魚釣島を含むその他の島は中国の領土だ」と宣言しています。

弱腰外交によって、中国海軍の活動がますますエスカレートし、日本の海の安全は日増しに脅かされているのです。

民主党政権の対応は、日本の中国への属国化に道を開いた売国行為以外の何ものでもありません。

このままでは日本は中国の属国になる！

民間の漁船を使って外国の領海に侵入し、既成事実を積み上げて、最後はその海域を自分たちのものにするというやり方は中国がよく使う手です。その背景にあるのは「世界の海を制覇する」という戦略です。中国は成立以来、軍事的侵略を一度も止めたことがない国で、いつも戦争をやっています。

中国の目的は、台湾から沖縄を結ぶ「第一列島線」より内側の海を中国海軍の支配下におき、台湾を併合すること。次にグアムまでの「第二列島線」を支配下に置き、南シナ海、東アジア諸国を制覇することです。そうなれば、日本は中国の属国になるしか生きていく道はありません。おそらく靖国神社は焼き払われ、皇室も危ない。わたしのように中国を批判する人間は一掃されるでしょう。

チベットやウイグルの比ではなく、もっとひどいことが起こる。中国はチベットにひどいことをしましたが、中国国民はチベットに恨みを持っているわけではありませんでした。しかし日本は別です。中国国民は反日教育を受け、日本に対して徹底的に復讐してやりたいという

「憎しみ」を潜在的に持たされている。おそらく中国政府も国民も容赦なく、無慈悲な行動に出るでしょう。

〝平和憲法〟を破棄し自国は自分で守る

中国の拡張戦略の根本にあるのは、「中華思想」という、古くからある世界観です。中国の皇帝は全世界の主であり、そもそも他国は存在しません。天下のすべての土地は中国皇帝の土地であり､民は中国皇帝の臣民。北京中心に世界は同心円的に広がっており、国境すら存在しないというのが中華思想の考え方です。

しかし先の大戦で列強諸国からの侵略を受けて、中華思想も一度は挫折しました。挫折の反動から中華人民共和国がつくられ、近代化が始まりました。そして巨大な軍事力や核兵器を保有した今、再び中華思想の亡霊がよみがえってきたのです。

尖閣諸島

権力を拡大するために丸腰の大学生を惨殺し、チベットやウイグルで多くの市民を虐殺して文化を破壊してきました。19世紀の列強国より残虐で凶悪、非常にたちが悪いと思います。

日本は今後、戦後体制から脱却を図るべきです。今の平和憲法のままでは、中国の脅威には対抗できません。日本国憲法の前文にある「平和を愛する諸国民の公正と信義に信頼して…」という空想世界の憲法では太刀打ちできません。日本の手足を縛っている平和憲法を破棄して、日本人の手によって新しい憲法を制定し、国防体制を強固なものにしていくべきです。

中国の脅威に対抗するという意味では日米同盟はとても大事

です。同盟を強化していくためには、日本もしっかりしなくてはいけません。今の状況では、日本は集団的自衛権を行使できません。日本も、きちんとした独立国家として、「自分の国は自分で守る」という権利を取り戻すべきです。

航空自衛隊の出撃風景　photo by：sue（photost.jp）

そして周辺諸国と手を結び、同じように中国の脅威にさらされている東南アジア、インド、韓国などと協力して、中国包囲網を作り上げることです。中国に戦争を仕掛けるという意味ではなく、暴走を止めるための、抑止力となる国際環境を作り上げるということです。

自信を取り戻せば日本の未来は明るい

日本の若者は「国なんて何の関係もない。ひとりで生きていければそれでいい」と言いますが、それは違います。国家が守ってくれなければ、今後、国民の運命がどうなるかは分かりません。日本人は平和ボケから脱却して、いかにして国を守るかということを真剣に考えなければなりません。

日本人は若者も大人たちも自信や誇りを失っているといわれます。しかし、日本は東洋文明の代表格として、常に世界から尊敬を集めてきた国なのです。その日本人が自信を失ってしまったら、他の国の人々は一体どうすればよいのでしょうか。

すばらしい伝統文化があり、皇室があり、経済の底力も、ものづくりの精神も技術も持っている。日本ほど恵まれた国はありません。日本人が自信と誇りを取り戻せば、中国の脅威から日本を守ることができると思います。日本人の未来は、まだまだ明るいと思っています。

あとがき

沖縄が中国の脅威からアジアを守り、世界を守る！

美しい島、沖縄。エメラルドの海に囲まれた平和で穏やかなこの島に、中国の侵略の危機が目前まで迫っているということを、一体誰が想像できるでしょうか――。

それが「今そこにある危機」であることを、全ての日本人と沖縄の皆様に伝えるべく、この一冊を上梓しました。

沖縄県民は、米軍や自衛隊、基地の存在について、とても複雑な心情を持たれています。先の太平洋戦争（大東亜戦争）では島全体が戦場となり、20～24万人の沖縄県での全戦没者中、9万4000人の民間人が犠牲になりました。またその後27年間、アメリカ合衆国の統治下にあり、復帰後も、沖縄には多くの基地が存在しています。

それをもって、地元の左翼偏向マスコミや左翼活動家の人たちは、「沖縄が本土の犠牲になっている」「二度と戦場になるのはごめんだ」などと、「反米・反基地・反戦」をアピールし続けています。彼らが目指す沖縄の未来は、「米軍の沖縄からの撤退」であり、「基地のない沖縄」です。

しかし今、もしそれが実現したらどうなるでしょうか。隣国の中国は、毎年2ケタの勢いで軍事力を増強し、世界第二位の軍事大国として台頭しています。その目的は、アジア全体の覇権の確保であり、日本の尖閣諸島と沖縄の占領、そして「属国化」です。

もし米軍が沖縄から撤退すれば、その『力の空白』を埋めるように侵攻してくるのは中国軍であり、現出する未来は、日本の「チベット化」です。私たち日本人は一日も早く、この現実に目覚めなければなりません。そして備えを固めなければなりません。

かつてチベットも、ヒマラヤの山々に囲まれた、平和で美しい国でした。1950年、そのチベットに突然4万人もの人民解放軍が侵入し、瞬《また》く間《たた》にチベット全土を占領しました。チベットは中国の自治区となり、この70年間に120万人以上が虐殺されました。チベット人たちは今、宗教も歴史も文化も否定され、土地も言葉も人権も奪われた、奴隷以下の生活を強いられています。

なぜ、チベットは中国に侵略されたのでしょうか──。

それは当時、チベット人が平和な宗教国家として、軍隊らしい軍隊を持たず、人民解放軍が侵攻して来た時にも、わずか8500人の国境警備隊しか部隊がなかったためと言われています。もしチベット国に強力な軍事力があれば、中国に侵略されることはなかったはずです。

このチベットの悲劇から、沖縄県民に、知って頂きたいことは、「基地があるから戦争に巻き込まれるのではなく、基地があるから戦争や他国からの侵略から守られるのだ」という、真実です。

そして、もう一つ。復帰から40年を経て、沖縄に駐留する米軍と自衛隊による「統合運用力と抑止力」は、今や日本だけでなく、北朝鮮や中国の脅威から、アジア全体を守るための「アジアの公共財」となっているという事実です。

そのことにぜひ、沖縄県民は、大きな誇りを持って頂きたいと思います。沖縄が今、アジアと世界の『自由と平和の砦』になっているのです。

幸福実現党は、そうした沖縄を、中国の侵略から絶対に守ります。そして「自由」を奪われた「奴隷の平和」ではなく、人間として最も大切な「自由」が守られた、『本当の平和』を実現することをお約束します。

なぜなら、それこそが幸福実現党の『立党の目的』であり、『使命』であるからです。

幸福実現党 出版局長 矢内筆勝

HRP ブックレットシリーズ vol.3

迫りくる！中国の侵略から沖縄を守れ！

2012 年 5 月 12 日　第一刷発行
2012 年 6 月　4 日　第二刷発行

編集 / 幸福実現党出版局
発行 / 幸福実現党
107-0052
東京都港区赤坂 2-10-8
TEL03-6441-0754

発売 / 幸福の科学出版株式会社
107-0052
東京都港区赤坂 2-10-14
TEL03-5573-7700
http://www.irhpress.co.jp/

印刷製本　誠晃印刷
落丁・乱丁はお取り替えします

ISBN 978-4-86395-196-9 C0030¥619E